听上去简单却很难回答的问题

胡军霞 著

北京日报出版社

图书在版编目（CIP）数据

听上去简单却很难回答的问题 / 胡军霞著 . -- 北京：
北京日报出版社 , 2025. 6. -- ISBN 978-7-5477-5124-4

Ⅰ . Z228

中国国家版本馆 CIP 数据核字第 2025D7T772 号

听上去简单却很难回答的问题

出版发行：北京日报出版社

地　　址：北京市东城区东单三条 8- 16 号东方广场东配楼四层

邮　　编：100005

电　　话：发行部：（010）65255876

　　　　　总编室：（010）65252135

印　　刷：三河市人民印务有限公司

经　　销：各地新华书店

版　　次：2025 年 6 月第 1 版

　　　　　2025 年 6 月第 1 次印刷

开　　本：880 毫米 ×1230 毫米　　　1/ 32

印　　张：7.25

字　　数：160 千字

定　　价：52.00 元

前言
Foreword

一个人有多少好奇心，世界就会在他面前展现出多少种姿态。

你有没有想过这些奇奇怪怪的问题：把变色龙放进彩虹糖里会怎么样？"恋爱脑"能不能用心理学解释？孙悟空能超光速飞行，他为什么没有穿越时空？《流浪地球》的故事会不会发生？人类真的能长生不老吗？……这些问题看起来天马行空，奇奇怪怪，其实背后都隐藏着与我们的过去、当下和未来密切相关的科学原理。

在本书中，这样的"奇葩"问题有整整一箩筐：既有与我们生活息息相关的，如"吃菠萝为什么会有刺痛感""猫眼中的主人是'蠢猫'吗"等；也有关于动物的奇思妙想，如"马达加斯加的企鹅能听懂南极企鹅说话吗""在街上遇到霸王龙如何自救"等。更为重要的是，我们还能一起探索世界的未来，探究 AI（人工智能）崛起之后，哪些人群将面临"失业高风险"、机器人会不会"造反"等。

本书的奇妙比喻和说理方式也特别值得一提。比如，在《什么武器的威力能超过 1,430,000 枚核弹头？》一文中，作者用"二维世界""一维世界"的类比，展现了我们在日常生活中根本无法体验到的四维世界：

二维世界的居民只能看到彼此的一条边，无法看清全貌，因此在他们眼中，每个人都像是一条线段。为了更好地理解，可以想象将一张纸立起来，这时你看到的是三维世界。再把纸平放在桌子上，只看纸的边缘，这时你看到的就只是一条线。对于身处三维世界的我们来说，要"毁灭"二维世界，只需轻轻把纸撕掉。或者，你可以让自己的手指出现在二维世界的任意地点，对这些"纸片人"来说，你就像是会瞬间移动一样。

本书的"奇葩"问题涉及数学、物理、生物、宇宙、天文、地理、艺术、体育等各个学科的"冷知识"，试图用有趣的语言和简单易懂的方式讲解难懂的科学问题，为读者展现科学"隐秘角落"的全貌。

一开始，你可能会觉得匪夷所思，但是随着对问题的深入探讨，你一定会发现，这些问题原来如此有趣，其中的原理令人拍案叫绝。

对于"不求甚解"的人来说，它可能是一本"话题宝库"，能让其成为社交场上的达人；对于喜欢思考的人来说，它里面包含的深度内容也足够"烧脑"，绝对能让其大呼过瘾；对于孩子来说，它不仅视角有趣，还能带来很好的科学启蒙。更为重要的是，它与快节奏的当代生活如此契合，每一节都是一个独立的单元，绝不拖泥带水。无论在地铁上、排队时还是睡觉前，随手翻阅，分分钟就能让你有所得。

有时候，只要换个角度，世界就能呈现新鲜可爱的模样；只要"脑洞"够大，生活就永远充满趣味。

目 录
Contents

第**7**章　人工智能时代和我们的未来

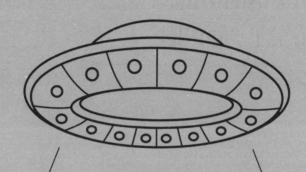

第 1 章

数学星球，关于数字的魔法世界

我们生活的宇宙，
竟然是个"面包圈"？

　　你有没有想过宇宙是什么样子的？在某个夏日夜晚，天空中群星闪烁，银河像一条瀑布横亘天际。你是否想过银河之外是什么？你的星座在哪里？那颗亮闪闪的星球上是否也有人类居住？他们是不是也在另一边望着你？

　　宇宙如此广袤，地球只是其中的一粒尘埃。无数哲人穷其一生探索宇宙的奥秘，也只能窥探到亿万分之一的真相。庄子慨叹："吾生也有涯，而知也无涯。以有涯随无涯，殆已！"西方哲学家所谓的"智慧的痛苦"也大抵如此。但正是因为这等不懈的探求，

人类才缓缓揭开了宇宙的面纱。

人类很早之前就开始观测星空，用肉眼观察星体的位置和运动。随着科技的进步，望远镜的发明使我们能够观测到更远的星体和星系。天文学家通过观测，建立了恒星的分类系统、计算了行星的运行轨道和周期，并发现了彗星、星云、脉冲星等天体。

1959 年，苏联发射的"月球 1 号"成为第一个飞越月球的探测器，成功采集到了太阳风、宇宙射线等数据；1966 年，苏联发射的"月球 9 号"成为第一颗在月球上实现软着陆的月球探测器；1969 年，"阿波罗 11 号"实现首次

载人登月，尼尔·阿姆斯特朗成为第一个踏上月球的人类。

　　人类不仅探索了月球，还向宇宙的更远处进发。1972 年，美国发射的"水手 9 号"成功进入环绕火星的轨道；1977 年，美国先后发射"旅行者 1 号"和"旅行者 2 号"太空探测器，开始探索太阳系的更远处；1983 年，美国发射的"先驱者 10 号"成为第一个飞出太阳系的探测器；2021 年 5 月 15 日，中国发射的"祝融号"登陆火星，中国成为第二个成功在火星上运行火星探测车的国家。

除了实地探访，我们通过天文望远镜也能够看到更远的地方。美国东部时间 2021 年 12 月 25 日，詹姆斯·韦布空间望远镜（James Webb Space Telescope，缩写为 JWST）被成功送入太空。这台人类历史上最强大、最复杂的太空望远镜能够观测到距离地球数十亿光年的宇宙。据美国航天局介绍，该空间望远镜将观测 135 亿多年前宇宙中第一批恒星是如何诞生的，以及第一批星系是怎样形成的。

想要了解关于宇宙的更多信息，宇宙背景辐射理论是一个绕不开的话题。宇宙背景辐射理论是宇宙学中的一项重要成就，是关于宇宙大爆炸理论的一个重要预言和观测验证。

20 世纪 40 年代，大爆炸理论逐渐成形。乔治·伽莫夫（George Gamow）和他的学生拉尔夫·阿尔弗（Ralph Alpher）、罗伯特·赫尔曼（Robert Herman）提出，如果宇宙起源于一次高温高密度的"大爆炸"，那么早期宇宙的极高温度会使得光子与物质发生剧烈相互作用。随着宇宙的膨胀，光子的波长会被"拉长"，能量逐渐减弱。伽莫夫的团队预测，这些光子应该以微波的形式遍布整个宇宙，并且估算出热背景的温度大约是 5 开尔文（后来的精确测量显示是 2.73 开尔文）。由于当时缺乏先进的观测技术，这一理论并未引起足够的关注，甚至一度被遗忘。

20 世纪 60 年代，美国贝尔实验室的两位科学家——阿诺·彭齐亚斯（Arno Penzias）和罗伯特·威尔逊（Robert Wilson），在使用一台大型微波天线研究银河系中的无线电波时意外发现，不论天线指向哪里，总有一种持续的背景噪声。他们尝试了各种方法来排除干扰，比如清理鸟粪、调整仪器等等，但背景信号始终存在，而且非常均匀。后来，他们与麻省理工学院、普林斯顿高等研究院的天文学家共同探讨，把之前测得的 3.5 开尔文背景辐射修订为 2.7 开尔文。

1965 年，彭齐亚斯和威尔逊将这一理论公之于世，标志着宇宙背景辐射的存在被正式确认。彭齐亚斯和威尔逊因此获得 1978 年诺贝尔物理学奖。

◆ **小知识**

宇宙背景辐射理论的基本原理：宇宙在大爆炸初期处于极高温度和高能量状态，充满了高能光子和自由电子、质子等粒子，形成了一种高密度的等离子体。在这种环境下，光子能量极高，足以将任何原子电离，因此原子无法稳定存在。随着宇宙不断膨胀和冷却，大约在大爆炸后 38 万年，温度下降到约 3000 开尔文。这时，电子和质子结合形成了中性氢原子，辐射出大量的光子，并使宇宙从透明的高能等离子体过渡到透明的氢氦气体。

天文学家们推测出了不同的宇宙形状，很多都非常有趣。

| 平坦宇宙（Flat Universe）

平坦宇宙理论认为，宇宙的总密度等于临界密度，宇宙在大尺度上呈现平坦的几何形状，类似于欧几里得空间。在平坦宇宙中，平行线永不相交，空间的几何性质与我们熟悉的三维空间类似。

| 开放宇宙（Open Universe）

开放宇宙理论认为，宇宙的总密度小于临界密度，宇宙在大尺度上呈现开放的几何形状，类似于双曲几何。 在开放宇宙中，平行线会逐渐远离，空间呈现一种弯曲的状态。

| 封闭宇宙（Closed Universe）

封闭宇宙理论认为，宇宙的总密度大于临界密度，宇宙在大尺度上呈现封闭的几何形状，类似于球面几何。 在封闭宇宙中，平行线最终会相交，空间呈现一种球状的状态。

面包圈宇宙的概念可以通过一种简单的类比来理解。

| 多重宇宙理论（Multiverse Theory）

多重宇宙理论是一种相对较新的猜测，它认为我们所处的宇

地上大简单却很难回答的问题

宙可能是一个多宇宙的集合体，每个宇宙有着不同的物理常数、自然规律和形状。这意味着存在许多平行宇宙，每个宇宙都是一个独立的实体。

还有一种理论认为，宇宙的形状就像一个面包圈。该理论也被称为"拓扑学面包圈"，源自对宇宙拓扑学的研究。这个理论认为宇宙的拓扑结构可能类似于一个三维的环面（面包圈的形状），而不是我们通常理解的三维欧几里得空间。

在二维平面上，如果这个平面是无限大的，那么上面的蚂蚁可以一直沿直线走下去，永远不会回到出发点。但是，如果我们将这个平面捏成一个圆环，蚂蚁在上面行走时，最终会回到出发点。这就是二维环面的拓扑结构。

将这个类比扩展到三维空间，我们可以想象宇宙是一个三维的环面。在这个环面上，我们可以沿着三个方向（类似于三个维度）移动，但在某个方向上行走足够远后，最终会回到出发点。这种结构使得宇宙空间在某种意义上是有限的，同时又没有边界，就像一个三维的面包圈。

宇宙到底是什么形状，你一定也有自己的想法。说不定，它和你想的一模一样！

数字 "0" 为什么会惹怒罗马教皇?

在中世纪的欧洲,罗马教皇是至高无上的存在。他不仅能够影响国王加冕,还能决定世俗的很多事务,比如数字。在长达一千多年的时间里,欧洲人长期使用冗长而笨拙的罗马数字计数。

罗马数字是古罗马时期使用的一种数字符号系统。它由七个基本符号组成,分别是:

| I = 1 | V = 5 | X = 10 | L = 50 |

| C = 100 | D = 500 | M = 1000 |

通过组合不同的符号，可以表示不同的整数。一般情况下，罗马数字是从左到右、由大到小书写的。如果一个较小的数字位于一个较大的数字的左边，就表示需要减去这个较小的数字。

举例来说！

IV 表示 4，因为 V（5）左边是 I（1），所以它是 5 − 1 = 4。

IX 表示 9，因为 X（10）左边是 I（1），所以它是 10 − 1 = 9。

XL 表示 40，因为 L（50）左边是 X（10），所以它是 50 − 10 = 40。

XC 表示 90，因为 C（100）左边是 X（10），所以它是

100 − 10 = 90。

后来，阿拉伯数字传入欧洲，不料却遭到了罗马教皇的抵制，特别是数字 0。他认为，上帝在创造数字时，没有创造"0"这个怪物，所以严禁使用。后来，一位罗马学者在一本天文书籍上偶然看到了"0"，对它十分推崇，并专门在日记中记了下来。结果，这件事不幸被教皇知道了，他大发雷霆。这位学者也被逮捕入狱，受到了严厉的惩罚。

999 年，罗马天主教新教皇西尔维斯特二世登位。在他的推动之下，阿拉伯数字才取得合法地位，数字 0 也终于得以冲出牢笼，重见天日。

有了0，就有了负数。

数字 0 被称为人类最伟大的发明之一，经历了漫长的发展过程。

公元元年前后，数字 0 开始出现在各大古文明的记载中，用于天文、历法和记录。从美索不达米亚平原到尼罗河沿岸，再到中国的殷商，都出现了对数字 0 的记载。在其之后的发展和传播过程中，阿拉伯人起到了至关重要的作用。

公元 6~7 世纪左右，古印度数学家发展出一套基于十个数字的十进制系统，其中包括了 0。这个新的数字系统利用位值的概念，令数值表示更加简单和直观。数学著作《梵书》首次出现了 0 这个数字符号。

公元 9 世纪左右，阿拉伯数学家开始学习和翻译古印度的数学著作，其中就包括使用 0 的数字系统。阿拉伯数学家很快认识到 0 的重要性，将其加入自己的数学体系中，开始广泛传播。

公元 12 世纪，欧洲学者通过西班牙和意大利的阿拉伯文献，逐渐了解了 0 这个数字符号。然而，欧洲学者起初对 0 持怀疑态度，认为它并没有实际意义，只是在数学计算中用来填充空位的占位符。

公元 13 世纪初期，意大利数学家斐波那契（Leonardo Fibonacci）在其著作《计算之书》中，首次正式将 0 引入欧洲的数学体系，并解释了其在计算中的重要性。斐波那契在描述兔子繁殖的问题时，使用 0 作为起始值，这使得数字计算更加便捷。随着时间的推移，欧洲学者逐渐认识到 0 的价值，开始广泛接受和使用。

"万物皆数"（Everything is numbers）。

世间的一切现象和事物都可以用数学来描述和解释，包括宇宙学原理。宇宙中的一切都可以归结为数字和数的关系。数学不仅能用于测量和计数，还是理解自然和宇宙运行规律的重要工具。人们相信通过对数学的研究，可以洞察自然的本质。从这一方面来看，我们对于数学的认知在很大程度上决定了我们对于世界的认知所能达到的高度。因此，0 的使用具有划时代的意义。

数字0是伟大的发明。

首先，数字 0 的出现是人类数学思维的一次革命。在 0 出现之前，"无"只是一个抽象的概念，无法用数字表达。有了 0，数学的计数系统变得更加完整和灵活。人们可以在黑板上、羊皮纸上、地上十分方便地用 0 进行计算。有了 0，我们只需要再用 9 个符号就可以表示任意大的数，不再需要烦琐笨拙地制造罗马数字等各种符号，这使得数学的表达更加高效和统一。

其次，在 0 出现之后，负数的引入终于有了"正当"性，那就是比 0 还要小的数。17 世纪，笛卡尔提出了用有向直线上的点表示负数的方法，这是现代数学对负数的一个几何解释。正、负数之间的区别被解释为数轴上的左右方向，这使得负数和正数可以得到同等对待，从而进一步丰富了数学的概念和体系，体现了数学从具体到抽象的转变，是数学思想的一次巨大飞跃。

因此，数字 0 的引入，开启了人类数学思维的新纪元，使得计算更加便捷、体系更加丰富，推动了数学的发展，为人类理解世界、探索宇宙和发展文明提供了强大的工具和方法。

在很长一段时间中，不仅是数字 0，负数、无理数、虚数等在数学史上占有至关重要地位的概念，都曾被视为"怪物"、悖论。然而，正是这些"怪物"一步步完善了数学系统，改变了人类看待世界的方式。因此，如果遇到无法理解的事物，先不要急着下结论，不妨怀着一颗包容的心，大胆假设、小心求证，用事实检验，或许它是对的呢。

蜂巢底盘的菱形两个钝角都是 109°，两个锐角都是 70°，蜜蜂是怎么测量的？

自然界中很多动物都有"超能力"，比如，蜜蜂就是"天才数学家兼设计师"。蜜蜂的蜂窝构造是自然界中的一大奇迹，其精巧、适用和节省材料的设计令人赞叹不已。每个蜂窝都

野生蜂的蜂巢组织结构

由无数个大小相同的房孔组成，这些房孔均是完美的正六角形。

18世纪初，法国学者马拉尔奇曾经专门测量过大量蜂巢的尺寸，令他感到惊讶的是，组成这些蜂巢底盘的菱形的所有钝角都是109°28′，所有的锐角都是70°32′，且两两相互紧密地连接在一起。

法国数学家克尼格和苏格兰数学家马克洛林通过计算发现，如果要消耗最少的材料来制成最大的菱形容器，就要采用这个角

我们可是天生的数学家。

度。更令人感到惊奇的是，世界上每一个角落的蜂房都是这样的结构，仿佛约定好了一样。

蜂巢的独特结构引起了生物学家们的好奇，他们经过长期研究发现，蜂巢这种独特的构造，居然是自然选择的结果。

◆ **小知识**

"自然选择"是由英国著名的生物学家达尔文提出的。简单来说，"自然选择"是指在自然界中，生物个体之间存在对资源和环境的激烈竞争。那些具有更有利于生存和繁衍的特征的个体，往往能够更容易地获得食物、避免捕食者的袭击，或者更成功地吸引异性进行繁殖。随着时间的推移，这些适应性特征会逐渐在种群中累积，而那些不具备适应性特征的个体，则会逐渐减少或被淘汰。

蜂房是由蜜蜂利用自己分泌的蜂蜡制成的。蜂蜡是蜜蜂腹部的蜡腺分泌的一种物质，蜜蜂通过蜷曲嘴巴和腿部将蜂蜡从腹部取出，然后咀嚼加工，最终用于构建蜂房。

在蜜蜂家族中，蜂蜡十分珍贵，一只工蜂每天工作10~12个小时，生产出的蜂蜡量通常只有几毫克到十几毫克。除了这项工作，它们还要负责采集花蜜和花粉、保卫蜂巢、养育幼蜂、生产蜂蜜等多种任务。因此，对于蜜蜂来说，想要保持在生存竞争中的优势，就必须用最少的蜂蜡，建造出能容纳最多蜜蜂的巢穴。于是，在长期自然选择的过程中，那些能够建造出"标准"蜂房的族群就得以生存下来，而建造"不达标"蜂房的族群则逐渐被淘汰。这就是蜂房背后的秘密。换句话说，蜜蜂之所以能成为"超级工程师"，也是被逼无奈的结果。

早在公元前 36 年，古罗马学者马库斯·特伦提乌斯·瓦罗就曾试图解释这个问题，并提出了著名的六角蜂巢猜想。他认为，在平面上划分等面积的区域时，六边形是周长最短的形状。换句话说，六边形以最经济的方式划分平面，使得每个区域具有

相同的面积，但总边界长度最小。这解释了为什么蜜蜂构建的蜂巢具有六边形结构，因为这种结构使用了最少的蜂蜡，却创造了最大的存储空间。

直到 1999 年，美国数学家托马斯·黑尔斯才最终将这个猜想证明。他的方法十分复杂，涉及大量运算，还利用了计算机作为辅助工具，光是证明的手稿就有上百页，搞得评审委员会的成员头疼不已，甚至有"黑尔斯可以用余生来简化这个证明"的说法。

你看，蜜蜂被称为"天才数学家"是不是名副其实？

| 在建筑设计方面

蜂巢结构的六边形排列赋予了建筑物良好的稳定性和强度。

受到蜂巢的启发，人们将这种结构运用到了各个领域。

这种结构能够有效分散载荷并保持平衡，使得建筑物能够承受更大的压力，从而更坚固、耐久。在一些高楼大厦、桥梁和其他大型建筑中，人们借鉴了蜂巢结构来提高建筑物的抗震性能和稳定性。

| 在轻质材料设计方面

蜂巢结构是一种既轻巧又强度极高的结构。在航空航天领域，人们利用蜂巢结构设计轻质的航空部件，如飞机的机身和机翼等。由于蜂巢结构能够在保持强度的同时减少材料的使用量，所以采用这种结构可以有效减轻飞机的重量，提高燃油效率，更加节能环保。

| 在包装设计方面

蜂巢结构的六边形形状使其在包装设计领域得到广泛应用。蜂巢纸板常用于电子产品、玻璃器皿等易碎物品的包装。由于蜂巢结构的特性，这种包装能够有效地缓解震动和冲击力，保护货物不受损坏，同时减少材料的使用量，节省资源。

| 在传热和传质领域

蜂巢结构中的空隙可以增加热量和物质传递的表面积，因此，在换热器和过滤器中采用这种结构可以增加传热和传质效率，提高设备的性能。这种结构不仅可以提高热交换的效率，还可以减少设备的体积和重量，使得换热和过滤过程更加高效节能。

| 在通信领域

蜂巢结构的六边形排列也有广泛应用。蜂窝式移动通信网络就是以蜂巢结构为基础设计的，将通信区域划分成许多六边形小区域。这种结构能够实现高效的通信覆盖，使得信号传输更加稳定和可靠。同时，蜂巢结构的设计也能够提高网络的容量和承载能力，满足日益增长的通信需求。

蜂巢不仅仅是蜜蜂生存的家园，更是其生命智慧的结晶。蜂巢结构的设计时刻启示着人类，在仰望星空的同时，也要时常低头俯看大地。

"长跑健将"阿喀琉斯
真的永远追不上乌龟吗？

　　阿喀琉斯（Achilleus）是古希腊神话中最为著名的英雄之一，被称为"希腊第一勇士"。他的母亲是海洋女神忒提斯（Thetis），父亲是凡人英雄珀琉斯（Peleus）。根据预言，忒提斯知道自己的儿子将是伟大的战士，但也将在战争中丧命。为了避免这个命运，忒提斯将阿喀琉斯藏在弗提亚（Phthia）的王宫，之后让他在半人马喀戎的岛屿上过着隐居生活。

　　为了解决特洛伊战争中希腊人的领袖问题，智者卡尔卡斯（Calchas）透露了阿喀琉斯的身份。于是，阿喀琉斯加入了希腊联军，成为希腊军队中的杰出战士。他在战场上英勇杀敌，立功无数，并在决斗中杀死了特洛伊王子赫克托耳（Hector）。

阿喀琉斯之所以如此英勇，是因为他还是婴儿时，被母亲忒提斯浸泡在冥河斯堤克斯河（the River Styx）中，使得他全身几乎刀枪不入。但忒提斯没能浸湿他的脚踝，因此脚踝成为他唯一的弱点。后来，阿喀琉斯在特洛伊战争中正是因为被射中脚踝而死。

就是这样一位神话中的英雄，却有人说他跑不过乌龟，这就像在说哪吒追不上兔子一样。看到这样的说法，你是否也会觉得不可思议？这就是著名的芝诺悖论。

芝诺（Zeno of Elea）（约公元前 490—前 430）是古希腊十分有名的哲学家和数学家，也是爱利亚学派（Eleatic School）的创始人之一。芝诺一生钟爱"抬杠"，提出了很多悖论，其中最为著名的就是阿喀琉斯与乌龟悖论。

在这个设想中，阿喀琉斯与一只乌龟进行赛跑，乌龟在起点领先一些。芝诺通过一系列无穷分割的步骤来描述阿喀琉斯赶上乌龟的过程。

第一步，阿喀琉斯需要赶上乌龟在起点的位置。但在这段时间里，乌龟也向前移动了一小段距离，因此阿喀琉斯还需再花时间赶上乌龟的新位置。

第二步，阿喀琉斯再次需要赶上乌龟在上一步移动后的新位置。但在这段时间内，乌龟又前进了一小段距离。因此，阿喀琉斯要到达乌龟的新位置还需要另一小段时间。

如此循环下去，阿喀琉斯每次赶到乌龟上一次的位置时，乌龟又前进了一小步，从而形成无穷递进。因此阿喀琉斯只能接近乌龟，却永远无法完全赶上它。

这个悖论的核心问题在于，尽管阿喀琉斯可以按照无穷多的步骤来赶上乌龟，但每一个步骤都会产生一小段新的距离，使得阿喀琉斯无论如何都无法赶上乌龟。

实话说，我很快就能追
上这只乌龟。

距离1千米

阿喀琉斯跑了1千米之时（乌龟跑了50米）

距离50米

阿喀琉斯到达乌龟的位置（乌龟又跑了一小段距离）

距离3米

这个悖论既挑战了古希腊哲学家们对于无穷、运动和空间的理解，也引发了后来关于数学和哲学的许多探讨及辩论。阿喀琉斯与乌龟悖论成了古希腊思想中的一个经典问题，对人类理解无穷和连续产生了重要影响。

仔细想一想，是不是觉得这个悖论非常有道理？在这个设定中，阿喀琉斯只能无限接近乌龟，而不能真正地追上乌龟。但事实上我们都知道，阿喀琉斯追上乌龟根本不费吹灰之力。

你不会真以为自己可以把1分钟
分成无限次使用吧？可别给我整笑了。

阿喀琉斯果然一会儿就追上了乌龟。

2000 多年来，很多哲学家和数学家都反驳了芝诺的观点。

亚里士多德是古希腊最重要的哲学家之一，他对该悖论的解决方案主要集中在对无穷过程的理解上。

他认为，悖论的问题在于芝诺将无穷过程视为离散的步骤，而实际上运动是连续的过程。虽然从逻辑上，它可以分解为无数个步骤，但实际运动是连续发生的，并不需要逐一完成这些"步骤"。他强调，"无穷"只是一个潜在的概念，而非实际存在的东西。就像我们看到的那样，亚里士多德的解释更多是在哲学层面进行分析，尚未从数学角度彻底解决这个悖论。

阿喀琉斯在追上乌龟之后并没有停下来，而是奔向了远方

到了 17 世纪，随着无穷级数和微积分的出现，芝诺的悖论终于迎来了从数学角度的回应。

设定问题：假设阿喀琉斯的速度是每秒 10 米，乌龟的速度是每秒 1 米，两者之间的初始距离为 100 米。在芝诺的设定中，乌龟每前进一小段，阿喀琉斯也要追上这段距离，看似永远也追不上。

无穷级数的构建：开始构建一个逐渐收敛的无穷级数来表示阿喀琉斯不断接近乌龟的过程。其中每一项都代表阿喀琉斯走过的距离。

第一步：假设阿喀琉斯的速度是每秒 10 米，而乌龟是每秒 1 米，出发时两者相距 100 米。当阿喀琉斯跑完这 100 米、刚好到达乌龟起点时，乌龟已经向前移动了 10 米。

第二步：阿喀琉斯再跑 10 米，在这段时间里乌龟又向前爬了 1 米。此时，两者之间的距离缩小到 1 米。

第三步：阿喀琉斯再追那 1 米，乌龟又移动了 0.1 米。接下来，阿喀琉斯继续追赶，而乌龟仍在前进，每次拉开的距离都比上一次更短。

无穷级数的构建：

整个追赶过程，其实可以拆成一段一段来算：阿喀琉斯先跑100 米，追到乌龟原来的位置；接着再跑 10 米，靠近乌龟的新位置；然后是 1 米、0.1 米、0.01 米……每次追的距离都比上一次少一截。

这些距离加在一起，就是：

100 + 10 + 1 + 0.1 + 0.01 +……看着没完没了，其实就像掏零钱凑整钱：一开始拿出 50 块，再拿出 10 块、1 块、1毛、1 分……虽然动作不少，但你心里清楚，早晚能凑出 100块钱来。这就是数学上说的"公比小于 1 的几何级数"，它的总和是有限的。

结论：虽然看似需要"无穷多步"，但由于每一步所需时间和距离都在减小，整个过程的总时间是有限的。极限的概念帮助我们理解：在"无穷小"的连续逼近中，存在"有限和"的可能，阿喀琉斯终将追上乌龟。

通过使用无穷级数的概念，数学家们成功地解决了阿喀琉斯与乌龟悖论，证明阿喀琉斯最终可以赶上乌龟。

随着微积分的发展，芝诺悖论可以用多种方法解决，比如极限概念。

　　微积分和数学分析允许我们用极限的概念来处理这些无穷小。通过取这些线段的极限，我们可以计算出阿喀琉斯和乌龟的位置在无穷小时间后的变化。然后，我们可以将所有无穷小的变化相加，得出阿喀琉斯追上乌龟的总时间。除此之外，我们还能用等比数列的求和、连续性和紧致性、构造逼近等方式破解芝诺悖论，不过，由于篇幅有限，这里就不展开了。

　　你也许会问，这样一个对现实世界毫无意义的问题，我们为什么要了解它？其实，无论哲学、数学还是艺术等领域，很多问题都是看似无意义的。然而，正是因为这种看似无意义的问题，才激发了人类的思维和创造力。

　　在解决芝诺悖论的过程中，数学家和哲学家不断思考、探索和挑战传统观念，从而推动了各个学科的发展，最终反哺人类社会——这就是思想的力量。

62.8 万亿位，人类为什么还在计算 π？

　　每年的 3 月 14 日，旧金山科学博物馆都会举行一个十分特别的仪式纪念 π：工作人员会和来自世界各地的参与者一起，绕着博物馆的纪念碑做三又七分之一圈的圆周运动。这正是 π 的近似值，这一天也被定为国际数学节。

　　回望人类文明发展史，无论是古巴比伦的泥板，还是古希腊的神庙、中国的古建筑，处处都能看到 π 的身影。而计算 π 的准确值，也是人类数千年来从未放弃的事业。

　　在古代，古埃及、古巴比伦、古印度等文明都有 π 的近似值的记录。例如，古埃及人在

建造金字塔时将 π 的近似值取为 3.16，古巴比伦人在公元前 2000 年左右将 π 的近似值取为 3。在古希腊时期，数学家阿基米德使用多边形逼近圆来计算 π，得到了比较准确的结果。

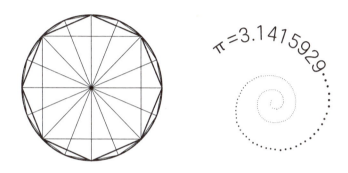

随着时间的推移，人们逐渐发现更精确的计算方法。在中国，大约在公元 5 世纪，祖冲之使用圆的最小外切正六边形和最大内接正六边形来计算 π 的值。他用这种方法得到的近似值为 355/113，约等于 3.1415929，这在当时是世界上最为精确的 π 的值。在印度，数学家阿耶亚巴塔在公元 6 世纪时使用级数来计算 π，得到了精确到小数点后 9 位的值。

中世纪与文艺复兴时期，欧洲的数学家们也积极尝试计算 π 的精确值。公元 14 世纪，数学家马杰尼发现了一个公式，并计算出 π 的近似值为 3.1415926535。

18 世纪，数学家欧拉引入无穷级数来计算 π，得到了有更多小数位数的近似值。

19 世纪，计算 π 的方法得到进一步改进，包括使用连分数、三角函数和椭圆函数等。

20 世纪以后，随着计算机技术的发展，人们得以用更精确的方法计算 π。1949 年，计算机 ENIAC 用数百个小时计算出 π 的值，精度达到小数点后 2000 位。

2021 年 8 月 17 日，瑞士的研究人员使用一台超级计算机，历时 108 天，精准地将 π 计算到了小数点后的 62.8 万亿位。相信随着时间的推移和技术的进步，π 还会被不断计算下去。

那么，计算 π 有什么意义呢？

等等，你是不是也发现，按照数学定义，π 是一个无理数？这也就意味着，它的小数部分无限延伸且不会重复。换句话说，它不可能被穷尽，即使对精确度要求最高的天文学领域，也只需要用到 3.141592653589793，即小数点后 15 位。

我们不妨换一种方式来看待这个问题：如果 π 被算尽了，对人类来说意味着什么呢？

首先，如果 π 被算尽了，那就意味着世界上根本不存在真正的圆。

是不是有点难以理解？没关系，我们先来了解一下割圆术。

割圆术是我国魏晋时期数学家刘徽创立的一种方法。它的基本思路是，通过将一个几何图形划分成无限多个较为简单的

一起来学习割圆术。

图形，逐步逼近所要求的面积或体积，从而得到近似值，最终得出 π 的值。例如：

圆内接正六边形周长 30 厘米，直径 10 厘米，π ≈ 3。

圆内接正十二边形周长 31.05829 厘米，直径 10 厘米，π ≈ 3.11。

圆内接正二十四边形周长 31.32629 厘米，直径 10 厘米，π ≈ 3.13。

圆内接正四十八边形周长 31.3935 厘米，直径 10 厘米，π ≈ 3.14。

圆内接正九十六边形周长 31.41 厘米，直径 10 厘米，π ≈ 3.141。

如果真正的圆不存在，对数学会造成哪些影响呢？

也就是说，圆内接图形的边越多，得出的 π 值就越精确。当边数趋向于无穷大时，割圆术所得到的极限值也无限接近于 π。从理论上来说，当图形的边达到无穷多时，我们就会得到一个完美的圆。因此，π 是无穷大的。换句话说，如果 π 不是无穷大，就意味着世界上不存在真正的圆。

圆在数学中扮演着至关重要的角色，它是几何学和分析学的基础性概念之一。如果圆不存在，数学的发展和理论体系将受到巨大挑战。

首先，几何学将面临重大困境。圆作为几何学中最简单的封闭曲线之一，具有独特的性质和特点。许多几何问题都涉及圆的性质和相关概念，如切线、切割、相似三角形等。圆的存在为几何学提供了基础，如果它不存在，许多几何学中的定理和推论将不再成立，几何学的体系和结构将会面临重大挑战。

其次，解析几何学也将受到影响。在解析几何学中，圆是一类特殊的曲线，它的方程形式简单却重要。圆的存在为解析几何学提供了研究对象和方法，如果圆不存在，解析几何学的研究将受到限制，许多问题将无法得到解决。

进一步讲，圆的概念在数学的其他领域也有广泛应用。在数论中，圆的性质与数的周期性和循环性有着紧密联系。在复数学中，圆形成了复平面上的特殊图形，与复数的幂次运算和三角函数有着密切关系。如果真正的圆不存在，这些领域的数学理论和应用将受到影响，数学家将不得不重新审视和调整相关的研究方法及结论。

π 真的是无限的吗？如果是无限的，我们似乎将在其中看到宇宙的尽头和真正的宇宙法则。这或许就是数学的魅力，也是我们持续计算 π 的意义。

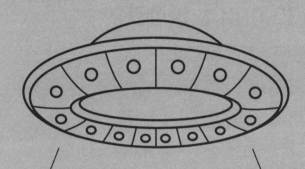

第 **2** 章

趣味物理，激发你的无限想象

什么武器的威力能超过 1,430,000 枚核弹头？

在将来的某个时刻，人类发现，一颗大小、质量与地球相当的行星正在向我们飞驰而来，只有用核武器将其摧毁，才能避免地球被毁灭的厄运。

于是，地球紧急启动"BOOM 计划"，并计算出了需要的核弹总量：

假设使用现代常见的核弹头，也就是每枚核弹头的能量当量为 100 万吨 TNT（4.18×10^{15} 焦耳）。

要摧毁整个行星，我们就需要提供足够的能量，使其完全破碎并分散。

　　假设行星的质量和地球相当（地球质量约为 5.97×10^{24} 千克），我们需要提供的总能量是其质量的 10%（这只是一个假设，实际所需能量可能会更大）。

　　开始计算：

　　行星质量：5.97×10^{24} 千克。

　　每枚核弹头能量当量：4.18×10^{15} 焦耳。

　　所需核弹数量 = 行星质量 × 所需总能量 / 每枚核弹头能量当量 = 5.97×10^{2} 千克 × 0.1×10^{15} 焦耳 / 4.18×10^{15} 焦耳 ≈ 1.43×10^{6} 枚，即 1,430,000 枚。可地球上根本没有这么多核弹头，怎么办？

这时，一个远超地球文明的地外文明送来一种超级武器，只需要把它轻轻扔出去，行星就会灰飞烟灭。这个武器你很可能听说过，它就是《三体》中的著名武器"二向箔"。原文中是这样描述这种武器的：

> 二向箔悬浮在歌者面前，是封装状态，晶莹剔透。
>
> 虽然只是很普通的东西，但歌者很喜欢它。

然而，就是这样一件毫不起眼的武器，只需要"漫不经心地把它掷出"，便可以毁灭整个太阳系，更不用说对付一个小小的行星。

什么是四维空间呢? 在日常生活中, 我们习惯使用三维坐标来描述空间位置, 即长度 (x 轴)、宽度 (y 轴) 和高度 (z 轴)。 这种三维空间的描述足以满足我们在地球上的生活和运动需求, 但在某些物理学和数学理论中, 则需要更多维度来描述更复杂的现象。

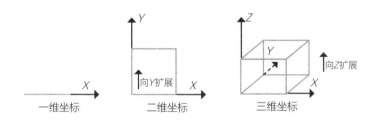

一维坐标　　　　二维坐标　　　　三维坐标

在物理学和数学领域, 四维空间通常被表示为 (x,y,z,t), 其中 t 表示时间。 爱因斯坦的相对论引入了时间作为第四个维度, 将时空视为统一的四维时空结构。 这种四维时空结构被称为时空 (Spacetime), 其中的每个事件都可以用四个坐标来描述其在时空中的位置。

我们可以将四维空间想象成一个立体坐标系, 类似于我们在三维空间中使用的坐标系, 但在这个四维坐标系中, 每个点都有四个坐标, 即: x、y、z 和 t。 这种四维坐标系在高速运动、引力、相对论等领域的研究中发挥着重要作用。

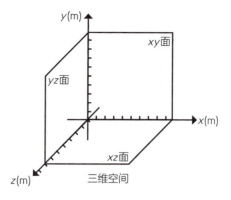

三维空间

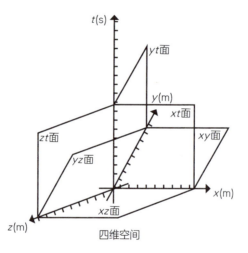

四维空间

是不是不太好理解？这是因为我们无法感同身受地理解这个概念。现在，让我们把现实维度降低一维，来到二维空间。

二维空间可以简单理解为平面空间。拿出一张纸，在纸上画一个小人，然后在小人旁边画一个房子，并在房子里也画一个小人。现在，纸上的这两个小人就生活在二维空间了。

想象一下，他们的生活会是什么样子呢？

首先，这些小人只能看到彼此的一个边，无法看清全貌，因此在他们眼中，每个人都像是一条线段。为了更好地理解，可以想象将一张纸立起来，这时你看到的是三维世界。再把纸平放在桌子上，只看纸的边缘，这时你看到的只是一条线。这就是二维世界居民的视角。

好了，现在天色已晚，房子外面的小人要回去休息了。他想要进入房间，必须先把门打开。如果里面的小人不给他开门，他就无法进入。不过，这对你来说根本不算什么难事，因为你可以直接把手指放进他们的房子里，甚至直接把他们的房子毁掉，只需要把纸轻轻撕破就可以。这就是三维世界对于二维世界的毁灭性能力，对于二维世界的居民来说，你简直就是神。

现在，你应该可以理解降维打击的含义了吧？

让我们再进一步，看看一维世界会发生什么。

在纸上画一条线段。我们知道，线段是由点组成的，我们把这些点或线段看作一个个一维世界的居民，他们看到的世界又是什么样子的呢？是的，他们只能看到点，连线段都看不到。

看到这里，相信你对维度已经有更加清晰的认识了。现在让我们做个简单的总结：

我们可以将一维世界想象为一个仅有一条线的空间。这条线没有宽度和厚度，只有长度。一维世界的居民就是这条线上的点，他们的世界中只有点。

现在，让我们来思考一维世界居民对于降维打击的理解。从二维世界的角度来看，如果想毁灭一维世界，只需在纸上直接划过这条线，或者用剪刀把线剪断。对于三维世界的我们来说更是轻而易举，只需将纸从垂直于线的方向上撕破，甚至直接撕碎纸张，一维世界将彻底消失。

毫无疑问，不同维度之间，能力差异简直是云泥之别。每次降维打击，我们都可以用高一维度空间的手段毁灭低一维度空间的事物，而低维空间对高维空间的力量则束手无策。想象一下，如果真的存在更高维度的世界，它们对我们三维世界的影响会是怎样的呢？这就是"二向箔"的作用原理，也是它为什么能有这样强大威力的原因。

如果一个存在于四维世界的人进入三维世界，我们将无法感知他的存在。他可以在我们看不见的方向上移动，突然出现在我们身后或消失不见，就像我们在纸上放手指一样。他们能够看到我们的内部和外部，就像我们可以看到纸上的小人，是不是想想都觉得可怕？不过不用担心，在现实生活中，我们还没有发现这样的情况。

四维空间目前只是一个理论，用于推广和扩展我们对于物理世界和数学结构的理解。比如，在数学中，四维空间常常被用于拓展我们对几何学和向量空间的理解；在计算机图形学中，四维空间经常被用于描述 3D 动画和 3D 模型的运动和变换；在现代物理学中，弦理论涉及十维或更高维的空间，四维空间是其中的一个重要组成部分。

能超光速飞行的孙悟空会不会穿越时空？

《西游记》是很多人童年不可或缺的记忆，其中的筋斗云更是很多孩子最渴望拥有的"特异功能"，足以与七十二变、火眼金睛、金箍棒相提并论。

佛家说的一刹那，约为 0.018 秒。我们假设孙悟空翻一个筋斗需要一刹那。

距离转换：十万八千里＝ 54000 千米。

时间转换（将时间转换为小时）：0.018（秒）÷ 3600（秒）＝ 5×10^{-6}（小时）。

计算时速：54000（千米）÷ 0.018（秒）＝ 3，000，000（千米 / 秒）。

光速大约为 299,792 千米／秒，也就是说，孙悟空的飞行速度居然超越了光速！

其实，这一点根本不用担心。狭义相对论告诉我们，有质量的物体速度不可能超越光速。在经典力学中，我们可以通过施加力来使物体的速度增加。然而，爱因斯坦的狭义相对论改变了我们对速度的认识，特别是在接近光速的情况下。

光速在真空中的值是一个不变的常数，即约为每秒299,792,458米。这是一个非常大的数值，也是宇宙中最快的速度。

现在，让我们来看一个简单的例子，以帮助解释为什么物体的速度无法超越光速。

假设有一辆汽车，它的速度是每小时100千米。现在，我们要让这辆汽车加速，使它的速度接近光速。随着速度越来越快，汽车需要越来越多的能量来继续加速。而当汽车的速度接近光速时，它的质量会越来越大。这就意味着为了继续加速，需要越来越多的能量来推动这个质量越来越大的汽车。当汽车的速度接近光速时，所需的能量会趋于无穷大，而实际上我们无法提供这么大的能量。

这就是为什么没有物体能够达到或超越光速的原因。光速是宇宙中的极限速度，任何有质量的物体都无法达到或超越这个速度。即使能够接近光速，也无法突破这个极限，因为所需的能量是无穷大的。

所以无论是汽车、飞机还是任何其他物体，都无法超越光速。当然，"猴哥"也不能。这是爱因斯坦相对论的一个重要结论，也是现代物理学的基础之一。

换句话说，光速代表着"无"。

那么，当一艘飞船无限接近光速时会产生哪些现象呢？

| 时间膨胀

相对论告诉我们，当飞船的速度接近光速时，它的时间相对于静止的观察者会变慢。这意味着飞船上的时钟会比地球上的时钟走得慢。如果飞船真的以光速运动，那么在宇宙中经过一段时间后，飞船上的时间可能只过去了几分钟，而地球上已经过去了几年甚至几十年。这种现象类似于我们在神话中经常看到的"天上一天，地上一年"。

| 长度收缩

相对论还预言，当飞船的速度接近光速时，它的长度会在运动方向上收缩。这意味着在地球上观察到的飞船长度会变短。当速度接近光速时，收缩效应变得显著，但不会使飞船缩成一点。这种感觉就像金箍棒的变化一样。

也就是说，人类根本无法超越光速，科幻作品中的穿越时空也根本无从谈起。另外，人类无法穿越时空还涉及两个悖论：

| 时间回溯悖论

也称为"祖父悖论"。假设某个人通过时间旅行回到过去，在父亲出生前杀死了自己的祖父母，那么他的祖父母将不会有机会生下他的父亲，从而导致他自己的出生被抹消。但这样一来，他就没有机会回到过去杀死祖父母。这样就形成了一个自相矛盾的循环。

| 自我存在悖论

如果一个人通过时间旅行回到过去，成为自己的祖先或影响了自己的出生，那么他就会成为自己的创造者，这也涉及自我存在的问题。

"山不过来，我就过去。"好了，接下来让我们把思路打开，换一个角度思考问题。如果光速不能被超越，那么我们能不能缩短距离呢？比如，使一光年外的天体变得近在咫尺？其实，这就是我们所熟知的"虫洞"（Wormhole）概念。虫洞是爱因斯坦和纳森·罗森根据广义相对论所预测的一种理论结构。它是时空的一种弯曲现象，可以通过短暂的连接将两个远离的地点变得"近在咫尺"。虫洞可以被形象地理解为时空中的一条隧道或通道，连接着宇宙中的两个不同地点。我们只需要穿过虫洞，就能"缩地成寸"，瞬息之间到达宇宙的另一个地点。

◆ 小知识

虫洞的构成需要极高的质量和能量。在某些理论模型中，这类能量被称为"负能量密度"，可能来自极端天体现象，如黑洞或宇宙初期的量子涨落。

黑洞拥有极强的引力，能够显著弯曲周围的时空，就像在一张橡皮膜上放置重物，形成一个深深的凹陷一样。在黑洞的中心，广义相对论预测存在一个"奇点"——这是一个密度无限大、时空曲率无限大的点。在这里，现有物理规律将不再适用，时间和空间的概念也变得无法定义。

从理论上来讲，一个虫洞可能会连接十亿光年的极远距离，也可能只连接几米的距离。不过，目前这一切都只存在于理论当中。到现在为止，人类还没有直接观测到虫洞。

希望在未来的某一天，我们可以成功找到虫洞，去到更遥远的宇宙。

听上去简单却很难回答的问题

为什么宇宙的
终极归宿是毁灭?

清华大学科学史系主任吴国盛曾这样说:"如果物理学只能留一条定律,我会留熵增定律。"熵增定律到底是什么,为什么会如此重要呢?因为根据这一定律,宇宙的最终归宿必然是毁灭,就像所有人的最终归宿是死亡一样。

◆ **小知识**

什么是熵?

熵是热力学中的一个重要概念,用来描述系统的混乱程度或者无序程度。这个概念在19世纪中叶由德国物理学家鲁道夫·克劳修

斯 (Rudolf Clausius) 提出。随着时间的推移，熵的概念逐渐扩展到其他学科，如信息论、统计力学等，成为一个普遍适用于自然界和人类活动的概念。

在热力学中，熵用符号 S 表示，它与系统的状态有关。简而言之，熵是系统能量分布的一种度量，衡量了系统中能量的分散程度或无序程度。当系统的能量分布较为集中或有序时，熵较低；而当系统的能量分布比较分散或无序时，熵较高。

举个例子来说。如果我们将房间保持得十分整洁，书架上书籍排列有序，衣服叠放整齐，那么这个房间的熵就相对较低。如果我们不去整理房间，让东西堆积杂乱，书和衣物随意散落，那么房间的熵就会增加，变得更加混乱无序。

接下来，我们来看熵增定律。

一个系统越有序，其熵越低；一个系统越混乱无序，其熵越高。熵增定律指出，自然界中的孤立系统倾向于朝着熵更高的状态发展，即朝着更加混乱和无序的状态演变。

还是上面那个例子，即使是再整洁的房间，只要你使用物品，它的熵就会增加。也就是说，想要实现熵减，必须依靠外力的介入。外力需要消耗能量，就像你整理房间需要力气，力气来源于食物，而食物不会平白无故产生，它需要消耗土地里的养分、阳光和雨水等资源。因此，我们可以得出一个结论：熵总是会不断增加的。

这样的例子在自然界和人类社会中普遍存在。无论是生物体的代谢过程、社会经济的运作还是自然界的物质转化，都会伴随着能量的消耗和熵的增加。这表明熵增定律是普适的，适用于整个宇宙和所有的物质系统。

还以房间为例，一间无人居住的房间，随着时间的推移会怎么样呢？

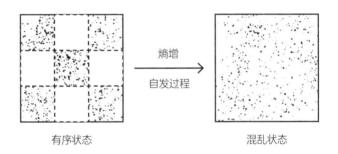

有序状态　　　　　　　　　　混乱状态

毫无疑问，随着时间的流逝，房间内的物品可能会自然地发生一些微小的变化。例如，灰尘可能会逐渐堆积在地面和家具上，蜘蛛网可能会出现在角落，纸张可能会因为自然氧化而变黄。如果房间有窗户，可能会进入一些自然光线，导致物品的颜色和质地逐渐变化。即使没有外界干扰，房间内的物品和结构也会因为时间的推移而发生微小的变化。

譬如那些埋藏在地下千年的古墓，可以被看作一个没有人力干扰的独立系统。然而，墓室内的墙壁可能会因为自然侵蚀而有所磨损，壁画和文字的颜色可能会逐渐褪去。墓室内的空气也会逐渐变化，氧气减少，二氧化碳和湿度会逐渐增加。尸体或有机物也会自然分解。比如，兵马俑在制作时是彩色的，而我们看到的却是灰色或土黄色的。

这些例子都展示了熵增定律的普适性，无论是在物理系统中还是在我们的日常生活中，事物往往会趋向于更加无序和混乱的状态。这也是为什么保持环境整洁有序需要不断投入能量和努力，而这些投入的能量则会进一步增加整个生态系统的熵。将这个原则扩大到整个宇宙中之后，我们就会得出一个结论：整个宇宙的熵也是不断增加的。

在宇宙中，星系和星系团通过引力的相互作用聚集在一起，这个过程导致星系和星系团之间的有序性逐渐减少，从而使得宇宙的熵增加。与之类似，宇宙的膨胀也是一个熵增的过程。随着宇宙的膨胀，物质和能量的密度变得更低，宇宙的有序性减少，而熵增加。

恒星在演化过程中会经历不同的阶段，从氢聚变到更重的元素，这也是一个熵增的过程。其演化最终可能以超新星爆发结束，释放出大量能量和物质，进一步增加了宇宙的熵。

宇宙不断熵增的趋势意味着宇宙的无序性和混乱程度将持续增加。这个过程导致能量和物质的分布逐渐变得均匀，星系和星系团逐渐分散，恒星将燃烧殆尽并逐渐熄灭。这个过程被称为热寂（Heat Death）或宇宙寂灭。根据目前观测到的宇宙膨胀速率以及宇宙的物质组成，科学家估计宇宙热寂可能在大约 100 亿年到 1000 亿年内发生。当然，也有可能是数万亿年之后。

在热寂中，宇宙中的能量和物质将变得非常稀疏和均匀，没有集中区域。所有的恒星将燃尽，没有新的恒星形成，而现有的恒星将冷却下来，不再发光。黑洞可能也会逐渐蒸发消失，释放出微小的能量。整个宇宙将处于一个冷漠而静谧的状态，没有任何生命可以在这种状态下生存，当然也包括人类。

　　用我们的话来说，热寂就代表着宇宙的"死亡"，是一切的终点。

那么，宇宙"死亡"之后还会重启，再次获得新生吗？

　　关于这一点，目前有两种理论。

　　"大撕裂"（Big Rip）理论认为，随着宇宙的加速膨胀，物质将被无限撕裂，包括恒星、行星和原子都会被撕裂成最基本的粒子，形成一种完全无序的状态。

　　"大挤压"（Big Crunch）理论则认为，宇宙的膨胀最终会逆转，引力将开始主导宇宙的演化，使得宇宙重新收缩，最终全部物质和能量都会汇聚在一个极为高密度的点上，导致一个大规模的"再启动"，即新的宇宙诞生。

我们需要仰望星空，更需要脚踏实地。无论宇宙的最终宿命会归向何处，我们能够做的只有专注当下：去过好这一生，去见想见的人，去做想做的事，去决定那些我们能够决定的，放下那些需要放下的。

怎样"正确"跳下一辆行驶中的汽车？

在影视作品中，我们经常能够看到这样的场景：演员从疾驰的汽车上跳下，一个简单的翻滚卸力之后，立刻一跃而起，重新投入到紧张激烈的战斗中去。

其实，这样的镜头大多是由特技演员完成的，且经过了后期处理。在跳车之前，特技演员需要穿戴一整套护具，并且经过长期的专门训练。如果是普通人，跳车的后果将会非常严重。

首先，我们需要知道一个重要的物理定律：冲量守恒。冲量是力在时间上的累积，当一个物体受到力的作用时，它会产生一个冲量，其

大小等于力乘以作用时间。当一个人从汽车上跳下时，他的身体会受到地面的反作用力，这个反作用力会产生一个冲量，冲量的大小取决于跳车的速度和跳车的时间。

假设一个人从行驶的汽车上跳下所需的时间大约是 0.1 秒，我们可以计算在这个过程中产生的冲量。给定条件如下：

质量 $m = 50$ 千克。

速度 $v = 60$ 千米 / 小时，转换为米 / 秒约等于 16.67 米 / 秒。

因此，冲量 $I = m \cdot v = 50$ 千克 × 16.67 米 / 秒 ≈ 833.5 千克·米 / 秒。

这个冲量表示在跳车过程中动量的改变量。冲量的单位是千克·米 / 秒，它反映了力在作用时间内对物体动量的改变。也就是说，冲量越大，运动量的变化越大，跳车时人体经历的力的变化也越大。

接下来，如果我们要计算这个人在跳下时地面对他的实际反作用力，需要考虑跳跃过程中动量的改变与作用时间的关系。冲量的定义是 $I = F \Delta t$，其中 F 是作用力，t 是时间。

在这个场景中，作用时间 t 为 0.1 秒，因此可以计算出实际的作用力 F 为 8335 牛顿。这个力非常大，相当于一个 850 千克铁球施加的重力，而且是施加在一个点上，能够对人造成严重损害。

不过，在现实生活中的某些特殊情况下，跳车是无奈之举，比如处在一辆失控的汽车上。在这样的情况下，应该如何"正确"跳车，才能将损害降低到最小呢？

让我们来总结一下"正确"跳车需要注意的几个要点：

首先，要尽量降低车辆行驶的速度，以减少跳车时产生的反作用力和冲击。

其次，跳车后要采取屈膝、翻滚等方式着陆，将能量分散和消耗，减少对身体的伤害。

再次，保持重心稳定也是非常重要的，这有助于我们在跳车过程中维持身体平衡，避免摔倒或意外受伤。

最后，必须再次强调，跳车是一种十分危险的行为，会造成极其严重的后果，不到万不得已，千万不要跳车！

怎样在空间站吃烧烤？

"太空居，大不易。"在太空中生活，对航天员来说是一件充满挑战的事。在微重力的环境下，航天员需要学会利用技巧性的方法来移动身体，通常

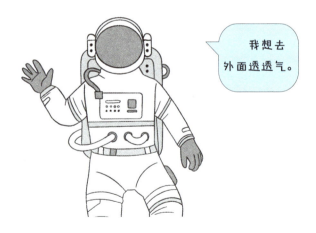

我想去
外面透透气。

是靠飘浮。因此，太空舱的舱壁上特意安装了很多扶手。另外，洗漱也是个挑战，因为从喷头喷出的水总是飘浮在空中。为了防止水滴到处乱飞，洗脸时只能用毛巾擦一擦了事。

吃饭的时候，航天员会使用带有磁力的餐盘，把它牢牢吸附在桌子上。在食物的选择上，早期的航天员只能吃一些像"牙膏"一样的东西。不过，随着科技的进步，航天员的菜单也越来越丰富了。比如，中国空间站就为航天员准备了120多种食品，酸甜咸辣，应有尽有。

不过，想要在空间站美美地吃上一顿烧烤，就有些困难了。

首先，微重力环境给烧烤带来了前所未有的挑战。在地球上，我们通常利用热空气和热辐射进行烧烤，但在微重力环境中，没有了自然的空气对流，热量无法有效地散失。这导致烧烤设备必须重新设计，以确保热量均匀分布，让食物可以均匀受热。

其次，太空站内的氧气非常宝贵，必须慎重控制火焰以避免过度消耗氧气。在微重力环境中，火焰会四处飘动，容易引发火灾。因此，必须寻找解决方案稳定火焰，确保火焰不会失控，并尽量减少氧气的消耗，以维持太空站的氧气供应。

最后，在微重力环境中，食物不能像在地球上那样被固定在烤架上。航天员必须找到解决方案，避免食物在烧烤过程中松动或飘散。否则，烧烤出来的食物可能会生熟不均匀，影响口感和食用体验。

另外，处理食物残渣和油脂，防止它们飘浮在空气中，这对维持太空舱内的良好环境至关重要。必须设立有效的收集和处理系统，避免这些残渣和油脂对设备和环境造成污染及危害。

第一，虽然太阳表面温度非常高，但温度在太空中的变化幅度也是极大的。在阳光直射时，温度可能会非常高，足以瞬间将食物烤焦。然而，当进入舱内的阴影区域或离开阳光照射时，

温度会迅速下降，甚至接近绝对零度。这种极端的温度变化会使人难以控制烹饪过程，导致食物受热不均匀，因此不能直接用太阳光来烤熟食物。

第二，太空环境极度危险。将食物置于舱外可能会面临多种问题。首先，太空中没有大气层，也没有氧气供火焰燃烧，因此无法在太空中用火焰来烤熟食物。其次，太空中存在微小的空间碎片和移动速度很快的微粒，这些碎片和微粒可能会对食物产生不可逆的损坏，甚至危及宇航员的安全。最后，食物曝露在太空中会受到宇宙射线的辐射。宇宙射线是指来自宇宙深空的高能粒子辐射，包括高能质子、α 粒子、重离子和伽马射线等。这些宇宙射线主要来源于太阳以及其他星系中的高能事件，如超新星爆发和黑洞吸积等。

我们在地球上受到大气层和地球磁场的保护，它们能够屏蔽掉一部分宇宙射线。然而，一旦进入太空，宇航员和宇宙飞船就会直接曝露在这些高能粒子辐射之下。

宇宙射线对人体有一定的辐射危害。当宇宙射线与宇航员的身体组织相互作用时，会产生一系列次级粒子和化学反应，这些反应可能会对细胞和遗传物质造成损伤。长时间曝露在宇宙射线辐射下，可能会增加宇航员罹患癌症的风险，并引发其他健康问题，例如对生殖系统和神经系统的影响。

◆ **小知识**

为了保护宇航员免受宇宙射线辐射的影响，航天器和空间站在设计上都会考虑设置屏蔽措施。常见的屏蔽材料包括特殊金属和复合材料，它们能够吸收和散射掉宇宙射线的一部分能量，从而减轻辐射对宇航员的影响。此外，宇宙飞行任务的时间和轨道选择也有助于减少宇航员曝露在宇宙射线下的时间。

那么，到底有没有办法让宇航员在空间站中吃到烧烤呢？接下来，让我们发挥自己的想象，帮宇航员设计一下。

| 热源

在装置内部使用高效能电磁感应加热技术，原理类似于感应灶。这种加热方式不需要明火，能在微重力环境中实现精准控制。通过这种方法，可以将热量直接传递到食物表面，确保食物均匀受热。

| 空气对流

利用小型电扇和特殊气流导向装置，制造人工对流循环。这将使热量更加均匀地传递到食物表面，类似于传统烧烤中的热空气对流效果，确保食物烤得更加均匀。

| 食物固定

在烤架上设计可调节的夹持装置，能够牢牢固定食物。同时，考虑到微重力环境，可以设计一种食物固定系统，允许食物在烤制过程中保持旋转或翻转，以确保食物的均匀烹饪。

这只是一次"脑洞大开"的设计，或许你看完之后会有更好的办法。又或者，以现在的技术条件，已经可以在空间站进行烧烤了，只是我们要考虑投入和产出比。空间站的资源毕竟十分有限，而且都需要耗费巨大的人力、物力才能运送到太空。正所谓"好钢用在刀刃上"，在空间站不能吃烧烤的最大原因，可能是不划算。

希望有一天，普通人也能完成太空之旅。到那时，我们的宇航员一定已经能够享用香喷喷的"太空烤肉"了。

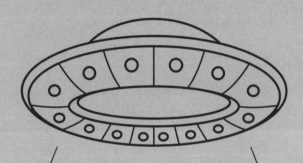

第 3 章

没错，这就是你没听说 过的化学课

一位现代化学专家穿越回古代能做什么？

假如你是一位化学专家，一觉醒来发现自己回到了公元前 2 世纪中后期的汉代。此时的皇帝是汉武帝刘彻，他热衷于寻仙问道，正在招募术士帮助自己一了心愿。于是，你踌躇满志地带着满肚子化学知识来到皇宫，决定先用自己的化学知识给皇帝变个"法术"，谋个一官半职。

到达皇宫之后要注意，千万不要叫人家"汉武帝"，这是他死后的谥号，在汉代要管皇帝叫皇上或陛下。武帝对你的"法术"非常感兴趣，让你赶快着手准备。经过深思熟虑，你决定在皇宫放一场焰火。

硫黄可以产生蓝色火焰，钠盐可以产生黄色火焰，锶盐可以产生红色火焰，而火药则可以产生爆炸效果。你决定先把这些东西准备好。

烟花华丽又震撼，能当我的青云梯！

硫黄是一种黄色固体，通常存在于硫矿石中。我们可以将硫矿石加热，使其熔化，收集硫黄气体并冷却凝固，从而将硫黄从矿石中提取出来。在汉代，这种技术已经十分成熟，也有现成的器具可以使用。

钠盐就是平时吃的食用盐，不用提取。

锶是一种金属，可以与氧气反应生成氧化锶。你可以从锶矿石中提取出锶，再通过其与氧气的反应生成锶盐。

接下来，需要把硝酸钾、木炭和硫黄按照一定的比例混合，制成火药。木炭和硫黄已经有了，现在需要制备硝酸钾。

硝酸钾，又称为硝石，是一种常见的无机化合物，可以通过多种途径制备。在古代，一种常见的方法是利用硝化作用，即将有机物质（如动物粪便或植物残渣）与碱性物质（如木灰）混合，并加入适量的水，然后将混合物堆积在开放的容器中，使其在适当的温度和湿度条件下自然反应。

在反应过程中，有机物质中的氮化合物会与碱性物质和水反应，生成硝酸盐，其中就包括硝酸钾。最终，通过提取和结晶等工艺，可以将硝酸钾从混合物中分离出来。制备好硝酸钾之后，你终于用火药制成了爆竹。虽然汉代也有爆竹，但那只是把竹子扔进火中烤，发出噼里啪啦的响声，不是真正的"炮仗"。

准备完这一切，汉武帝带着文武百官来到建章宫观看表演。这座宫殿是他专门为修仙而建造的。在众人的注视下，你点起火焰，点燃爆竹。在一阵阵惊叹声中，表演圆满完成。

民以食为天！

第二天，汉武帝问你想做什么官。你决定先从农业做起，毕竟吃饱喝足后才有能力做其他的事。于是，你求了个搜粟都尉，这个官主要掌管农耕和屯田等事宜。

在担任搜粟都尉后，你决心利用现代化学知识来改进农业生产，提高农作物的产量。其中，制造化肥是一个重要的步骤，因为化肥可以为土地提供必要的营养元素，促进植物生长，增加作物产量。

你打算借助当时的材料和工艺制造一种类似于化肥的物质，来为土地补充养分。首先，你需要准备两种主要成分：一是含氮物质，用以提供植物所需的氮元素；二是含磷物质，用以提供磷元素。这两种元素都是植物生长所必需的重要营养成分。

◆ **小知识**

含氮肥料的制备：在古代，你可以利用动物粪便、植物残渣或者某些腐烂的有机物来获得含氮物质。将这些原料收集起来，在一定的条件下进行堆肥，使其自然发酵。在发酵过程中，有机物中的氮化合物会逐渐分解，形成氨气和其他含氮物质。这样得到的堆肥就含有丰富的氮成分，可以作为氮肥来使用。

含磷肥料的制备：古代的含磷物质主要来自磷矿石。磷矿石中含有磷酸盐矿物，可以通过研磨和提取工艺将其中的磷元素提取出来。这样得到的磷酸盐物质就可以作为磷肥使用。

制备好含氮肥料和含磷肥料后，你将它们混合在一起，制成复合肥料。在复合肥料的加持下，农作物产量不断增加，农民的劳动负担大大减轻，生产效率也提高了不少。

一段时间后，你管理的地方农作物丰收，粮食的产量令所有官员震惊。由于出色的政绩，汉武帝决定为你升官。再三考虑之后，你成为一名工官，负责武器制造。

汉武帝时期，国家多次大规模出击匈奴，三十多年间三扫漠北，封狼居胥。这些军事行动需要规模宏大、技术先进、种类繁多的武器装备作为支撑。当时，武器已经由青铜器向铁器全面转变。在汉代，甚至出现了两种炼钢法。

第一种是脱碳炼钢法

主要用于降低生铁中的碳含量，以得到较为纯净的钢材。生铁是由炼铁炉炼制的铁水处理得到的，其中含有大量的碳和其他杂质。虽然生铁可以用于铸造各种工具，但想要得到优质的钢材，还需降低生铁中的碳含量。

脱碳炼钢法的原理及步骤：将生铁放入特殊的高温炉子中，通入足量的空气，使生铁中的碳与氧气发生反应，生成一氧化碳。这样，部分碳被氧化并排出炉外，从而降低了生铁的碳含量，得到较为纯净的钢材。

第二种是渗碳炼钢法

主要通过提高熟铁的含碳量，从而使其成为钢材。熟铁是含有一定量碳的铁材料，但通常碳含量较低，不足以称为钢。渗碳炼钢法则是在熟铁中加入额外的碳，使其含碳量达到钢的标准。

渗碳炼钢法利用的是碳在高温下的扩散作用。具体步骤为：将熟铁放入渗碳炉中，同时在炉内加入一种含有高碳量的固体材料，通常是碳质粉末或碳化物。在高温下，碳会从固体材料扩散到熟铁表面，然后渗透进入熟铁内部，使其含碳量增加。通过控制渗碳的时间和温度，可以对钢材的含碳量实现精确控制，得到符合要求的钢材。

你决定改进炼钢方式，使武器更加精良。为此，你提出对钢材进行热处理以改善其组织结构和性能。通过淬火、回火等热处理工艺，可以增加钢材的硬度和强度，使武器的刃口更加锐利和耐用，从而提高战斗力。此外，你还参照明代火器，制造了原始火枪。

之后，你又在其他领域大展拳脚。

在医疗和药物研究领域，你运用化学知识改进了草药提取技术，制造出更有效的药物。你与医师合作，开发出一些新的药物配方，用于治疗常见疾病和伤痛。通过优化药物配方，你帮助许多病患恢复健康，提高了当时的医疗水平。在绘画和瓷器制作等艺术领域，你运用化学知识开发出新的颜料和釉料，使作品更加鲜艳和持久。在化妆品和美容领域，你运用化学知识研发了一些天然的化妆品和美容产品，用于保养皮肤和美化容颜。在玻璃工艺领域，你运用化学知识制造出各种玻璃器皿和艺术品。在纺织领域，你运用化学知识研究出新的染料和印花技术，丰富了纺织品的色彩并提高了其质量。

当然，这些只是你对汉朝所做贡献的"九牛之一毛"。凭借这些功绩，你成功走上人生巅峰，封侯拜相，一时间风光无两。

突然，闹钟响起，你忽地从床上坐起来，发现上班快要迟到了。

水俣湾的猫为什么会集体跳海自杀？

　　水俣湾位于日本熊本县水俣市，其外围是熊本县与鹿儿岛县之间的一片物产丰富的内海，被称为"不知火海"。水俣湾东部有一座水俣镇，生活着 4 万多人。他们世代以水俣湾的渔场为生，虽然不能大富大贵，但也算衣食无忧。

　　1952 年，水俣湾附近发生了一件十分诡异的事。当地的猫忽然集体患上了某种奇特的病症，四肢抽搐，肢体扭曲，走路摇摇晃晃，还会突然狂奔起来，不受控制地撞向树木、房屋、行人。

　　一开始，人们只是将这种怪病当作茶余饭后的谈资，称其为"猫舞蹈症"。然而，随着时间的推移，这种症状开始加重，那些患上怪病的猫开始跳崖自杀。在短短一年多时间里，跳海的猫竟然多达 5 万只。与此同时，海中的鱼开始大面积死亡，就连空中的海鸟也会突然坠海。海面上到处漂浮着动物尸体，看上去十分瘆人。

　　1954 年 8 月 1 日，《熊本日日新闻》报道了"猫患癫痫死亡事件"，但仍然没能引起当局足够的重视。直到 1956 年，第一位患同样病症的人类——小女孩田中静子出现了。这个可怜的女孩被送到新日本窒素肥料公司附属医院治疗。一开始她只是口齿不清、步态不稳、表情呆滞，接着便眼瞎耳聋、全身麻木，最后精神失常、身体反弓，在病床上高声尖叫着去世。紧接着，田中静子年仅 2 岁的妹妹也因同样的病症离世。没过多久，水俣湾附近迅速出现了 50 多例相同病症的患者。政府终于意识到了事态的严重程度，派出专家组前来调查。

　　调查结果显示，水俣湾海水中的有机汞严重超标，事件的矛头直指当地的新日本窒素肥料公司。1960 年，这种由甲基汞中毒所引起的病症被命名为"水俣病"。然而，该公司却对此全盘否认，称只排放金属汞，不排放甲基汞。

　　金属汞是汞的金属形式，而甲基汞是一种有机汞化合物，这两者代表了汞的不同形态。它们在化学性质和毒性上有很大的不同。

化学性质

金属汞：是汞元素的纯金属形式，是唯一一种在常温下为液态的金属。它的化学性质较为稳定，不易与其他元素反应。

甲基汞：是汞与甲基基团结合形成的有机汞化合物。它在常温下是无色无味的液体。由于含有有机基团，甲基汞的化学性质较为复杂，容易与其他有机物质和无机物质发生反应。

毒性

金属汞：的毒性相对较低，但长期接触或大量摄入会导致中毒。金属汞主要通过蒸气形式被吸入或通过皮肤吸收进入人体。

甲基汞：是汞的剧毒形式之一，其毒性远高于金属汞。甲基汞可以通过皮肤被吸收，也可以通过食物链积累，进而对人体和生态系统造成严重危害。

形成途径

金属汞：主要通过对矿石的提取和冶炼产生，自然界中也存在天然汞。

甲基汞：通常是由微生物在自然界中通过生物甲基化过程产生的。此外，甲基汞也见于人类工业活动排放，例如汞污染的工业废水。

为了商业利益，该公司不仅没有停止排放污染物质，还雇打手阻止调查。美国摄影师尤金·史密斯甚至被打至一只眼睛近乎失明。

1963 年，为了彻底查清"水俣病"的成因，熊本大学成立了"'水俣病'医学研究组"，用新日本窒素肥料公司排出的废水喂养 400 只猫进行实验。结果，这些猫全部产生了"水俣病"的症状。在此期间，当地已经有上万人罹患此症。

"水俣病"的成因到底是什么？污染物是如何在人和动物体内起作用的呢？

毫无疑问，该病是当地化工厂排放甲基汞污染物导致的。甲基汞是一种有机汞化合物，它可以由微生物在自然界中产生，但工业活动是主要的甲基汞污染源。

甲基汞的毒性比金属汞高得多，一旦进入人体或动物体内，会带来严重的危害。它会通过多个途径进入血液和组织，包括呼吸道吸入、皮肤吸收和食物链摄入。

甲基汞的毒性主要表现为它在体内的积累和对神经系统的损害。甲基汞可以通过血液—脑屏障进入大脑和中枢神经系统，导致神经元损伤和死亡。这会导致一系列神经系统病症，包括运动障碍、感觉异常、智力下降、语言和行为问题等。

此外，甲基汞还可以干扰体内的酶和蛋白质活性，影响能量代谢和细胞功能，导致多种细胞和组织的损伤，进而影响免疫系统和内分泌系统等。

甲基汞对动物的影响与人类类似，它可以通过食物链传递，导致动物中毒，损害其生殖、生长和神经系统功能，甚至影响整个生态系统的平衡。而人类在捕食海中的生物后，甲基汞等有机汞化合物通过鱼虾进入人体，被肠胃吸收，进而侵害脑部和身体其他部位，也会造成生物积累，最终导致"水俣病"。

直到 1967 年，新日本窒素肥料公司才在铁一般的事实和舆论压力面前，承认自己排放了含有机汞的污水。第二年，日本政府才最终确定了两者之间的关系，但为时已晚。据统计，1932 年至 1968 年，有数百吨含汞的污水被排入水俣湾，受此事件直接与间接影响的人多达 10 万。

"水俣病"患者会出现严重的神经系统症状，这些症状可能会持续数年甚至数十年。然而，"水俣病"在日本绝非偶发事件。1966 年，新潟再次暴发该病，史称"第二水俣病"。两次事件的受害者向法院发起联合诉讼，缠讼多年，直到 1973 年，法院才做出最终判决，由新日本窒素肥料公司赔偿受害者 8000 万美元。根据官方统计数据，"水俣病"事件的直接受害者多达 12615 人，其中有 1246 人已死亡。

为什么说当我们吃菠萝时，菠萝也在"吃"我们？

菠萝原产于南美洲，16 世纪从巴西传入中国。其凭借酸酸甜甜的口感，丰富的营养价值，迅速跃升为岭南四大名果（荔枝、香蕉、菠萝、木瓜）之一。可是，我们在吃菠萝时，经常能

我从不吃菠萝，吃完嘴疼。

其实，这与菠萝蛋白酶有关。

够感觉到口腔中有灼烧感，吃完后嗓子还会火辣辣地疼，好像菠萝在"咬"我们一样，这是怎么回事呢？

化学家维森特·马尔卡诺（Vicente Marcano）于1891年首次在菠萝果实中发现了菠萝蛋白酶。随后，另一名化学家拉塞尔·亨利·奇滕登（Russell Henry Chittenden）将其从菠萝中提取出来，命名为"菠萝汁中的蛋白水解酶"。

菠萝的生长过程可以分为以下几个主要阶段：种子萌芽、幼苗生长、成株生长和结果生长。在这些过程中，菠萝需要吸收大量的养分和水分来支持生长及发育。其中，蛋白质是植物生长所需的重要营养成分之一。

然而，蛋白质作为大分子无法直接被植物吸收和利用。因此，菠萝需要一种特殊的酶类物质把蛋白质分解成为更小的分子，例如氨基酸。这个分解过程称为蛋白水解，而参与其中的酶类物质就是菠萝蛋白酶。

菠萝蛋白酶主要存在于菠萝的果实和果汁中，它在菠萝果树内起着帮助分解蛋白质的重要作用。通过将蛋白质分解为较小的分子，菠萝可以更容易地吸收和利用这些营养物质来支持自身的生长及发育。

当菠萝成熟后，菠萝蛋白酶的含量会增加，这是为了吸引动物前来食用。这样的生物学现象称为"营养诱导"或"食物诱导"。在植物生长过程中，一些植物会通过调节其内部化学成分，特别是酶的含量，来吸引动物前来食用它们的果实、种子或其他部分。

接下来，我们来看看为什么人类在吃菠萝时会有轻微的刺痛感。

在我们的口腔中，有一种叫作肌凝蛋白的蛋白质，是口腔组织中的一种结构性蛋白质，具有多种重要功能。首先，它能够维持口腔的结构，形成牙龈、颊黏膜、舌面等组织的纤维网络，为口腔提供稳定性和支撑。此外，口腔中的肌凝蛋白与其他蛋白质共同构成肌肉纤维，参与口腔的运动功能，如咀嚼、说话和吞咽等。

其次，除了结构和运动功能，肌凝蛋白还在口腔健康方面发挥着重要作用。它与其他蛋白质一起形成天然的保护屏障，阻止细菌和有害物质进入口腔，维护口腔健康。这有助于预防口腔感染和炎症，保持口腔组织的完整性和免疫功能。

同时，肌凝蛋白还参与口腔组织的愈合过程。在口腔组织受伤或受损时，肌凝蛋白与其他细胞一起参与修复，为受损组织提供结构支持和信号传导，从而促进伤口的愈合和再生。

换句话说，肌凝蛋白在口腔中起着"承重墙"与"保护伞"

的双重作用。而菠萝蛋白酶正好能够分解肌凝蛋白，导致口腔组织变得敏感和脆弱，产生刺痛感，仿佛菠萝也在"吃"我们一样。

◆ 小知识

如果在吃菠萝时，你无法忍受刺痛感，可以通过以下几个方法来提前分解菠萝蛋白酶，提升口感：

1. 使用热处理

将菠萝切成大小适当的块状，将其放入热水中烫一下，然后再用冷水冲洗。热水可以帮助分解一部分菠萝蛋白酶，从而减少对口腔的刺激。

2. 使用酸性液体浸泡

将切好的菠萝块放入酸性液体中浸泡一段时间，如柠檬汁、橙汁或者白醋等。酸性液体可以抑制一部分菠萝蛋白酶，减少对口腔的刺激作用。

3. 使用牛奶浸泡

将菠萝块放入牛奶中浸泡一段时间。牛奶中的蛋白质可以与菠萝蛋白酶结合，从而减少其活性。

4. 冷藏处理

将切好的菠萝块放入冰箱冷藏一段时间。低温可以降低菠萝蛋白酶的活性，减少对口腔的刺激。

5. 泡盐水

这也是我们日常生活中最常见、实用性最强的方法。盐水的酸性可以中和掉一部分菠萝蛋白酶，从而降低对口腔组织的刺激效果。同时，盐水还能帮助消除菠萝的苦涩味道，使其口感更加甜美。

怎么样，是不是非常简单易学？

手指竟然可以
轻易捏碎防弹玻璃？

1998 年 2 月 9 日晚，格鲁吉亚总统谢瓦尔德纳泽乘车返回位于首都第比利斯的官邸时，20 多名全副武装的恐怖分子忽然冲出，举起武器对着总统座驾发动攻击。

警卫人员立即展开反击。经短暂交火，两名警卫丧生，一名恐怖分子被当场击毙，其余逃逸。在这次袭击中，谢瓦尔德纳泽乘坐的奔驰牌防弹车被火箭筒击中，车体严重受损。然而，在众人的注视下，谢瓦尔德纳泽却安然无恙地打开车门走了出来。从此，防弹车与防弹玻璃一战成名，成为各国科研机构的一项重要课题。

现在，如果我告诉你，世界上有一种玻璃，它的一端非常坚硬，甚至可以挡住子弹的攻击，另一端却非常脆弱，用手轻轻一捏就可以捏碎，你会相信吗？是的，这的确有违常理，却在现实中真实存在。这种神奇的玻璃就是鲁珀特之泪（Prince Rupert's Drop）。

鲁珀特亲王将一些蝌蚪状的玻璃送给英国国王查理二世。

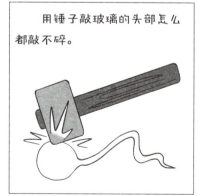

用锤子敲玻璃的头部怎么都敲不碎。

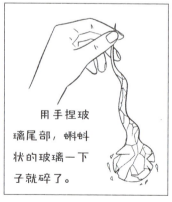

用手捏玻璃尾部，蝌蚪状的玻璃一下子就碎了。

鲁珀特之泪又称鲁伯特水滴或荷兰泪，外形有点像透明的小蝌蚪，以 17 世纪德国鲁珀特亲王的名字命名，是一种由熔化的玻璃滴入冰水中形成的特殊玻璃结构。

鲁珀特之泪之所以这样神奇，全因裂纹扩展效应。

当熔化的玻璃滴入冰水中时，外部因快速冷却形成硬壳，而内部仍保持液态。随着内部逐渐冷却凝固，液态玻璃因体积收缩而向内挤压外部硬壳，导致表面玻璃承受较大的压应力，而核心部分则被拉扯而产生拉应力。

当玻璃内部持续存在压应力和拉应力时，其外部表面看似很坚硬，而内部仍处于压力状态。然而，一旦尾部被破坏，如被捏住或用钳子夹住，尾部的压应力就会突然释放，导致裂纹从尾部迅速扩展。这样，内部的拉应力也会受到影响，使裂纹迅速蔓延至整个玻璃体，导致整颗鲁珀特之泪瞬间爆裂成碎片。

这种裂纹扩展的速度极快，速度可达每秒 1,450 米至 1,900 米，使鲁珀特之泪瞬间即可从坚硬的状态转变为彻底粉碎的状态。这也是为什么鲁珀特之泪能够经受住很大的冲击和压力，而一旦有足够的外力破坏尾部，整颗泪滴就会迅速破裂的原因。

单从硬度来看，鲁珀特之泪足以当得起防弹玻璃的称号。

不过，应该没有人会只用防弹玻璃防一个点吧？那么，真正的防弹玻璃又是什么原理呢？

防弹玻璃的设计和制造是一个复杂而精密的过程。一般情况下，它由多层玻璃和中间夹层组成。夹层多采用高强度的聚合物或薄型金属，如聚碳酸酯、聚氨酯或夹层玻璃钢。这些材料通过特殊工艺结合，形成多层复合结构。

◆ 小知识

聚碳酸酯（Polycarbonate）是一种热塑性塑料，具有强度高、耐高温、可塑性强、重量轻等优点。最重要的是，它是透明的，能够让车里的人观察到外部情况。我们的手机屏幕和许多钢化膜也采用了这种塑料材料。

聚氨酯（Polyurethane）以其出色的弹性和柔韧性著称。在防弹玻璃中，它主要用于吸收冲击能量，类似于拳头打在棉花上的缓冲效果。在日常生活中，聚氨酯广泛应用于汽车座椅垫、鞋垫、泡沫海绵等产品中。

总体来说，防弹玻璃的整体安全性能与纤维层的厚度有直接关系，纤维层越厚，安全性能越好。

看到这里，你也许会问：防弹玻璃虽然厉害，但是，如果被武器打碎，那些碎片不就跟飞刀一样，照样能对人造成伤害吗？

这个担心确实很有道理。比如，2009 年，印尼前首都雅加达市内的丽思卡尔顿酒店和万豪酒店相继遭受炸弹袭击，碎裂的玻璃就是造成人员伤亡的"元凶"之一。

其实，这一点防弹玻璃的研发者早就考虑到了。一般来说，防弹玻璃由三层组成。

| 承力层

这一层采用厚度大、强度高的玻璃，首先承受冲击并破裂。当子弹与玻璃撞击时，承力层能够破坏子弹或改变其形状，使其失去继续前进的能力，从而起到防弹的作用。

| 过渡层

过渡层通常采用高强度的有机胶合材料。它具有强大的粘结力和优异的耐光性，能吸收部分冲击能量，并改变子弹的前进方向。过渡层能够进一步减缓子弹的侵彻速度，避免能量集中导致玻璃破裂。

| 安全防护层

这一层采用高强度玻璃或高强透明有机材料。它具有较好的弹性和韧性，能吸收绝大部分冲击能量，以确保子弹不能穿透此层。安全防护层是防弹玻璃的最后一道屏障，能确保内部的人或物免受伤害。

正是过渡层中的有机胶合材料，保证了即使玻璃碎裂，碎片也不会飞出伤人。

需要注意的是，虽然防弹玻璃可以有效地减缓和阻挡子弹的侵彻，但并不意味着它能够完全抵挡所有类型和速度的子弹，特别是那些高速和高能量的子弹或者新型武器。

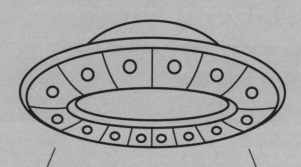

第 **4** 章

生物与非生物，关于
生命科学的问题

把变色龙放进彩虹糖
会发生什么？

众所周知，变色龙是动物界"最善变"的，它们可以根据环境的颜色改变自己身体的颜色。由于这项神奇的能力，变色龙成为很多故事的主角，关于它们的传说在世界各地流传。

生活在非洲的班图人认为，世间万物都是永恒存在的，只有人类是个例外，这一切都与变色龙有关。相传太古时期，上神曾派变色龙到下界告诉人类，他们的生命也是永恒的。但是，这件事被蹲在一旁的蜥蜴听到了。于是，蜥蜴赶在变色龙之前来到下界，将篡改后的错误口信告诉了人类：你们终将死亡，而非永生。

自此，人类便失去了长生不老的机会。因此，在班图人看来，蜥蜴是不祥之物。在另外一些传说中，变色龙还被当成过真正的龙。而在众多文学作品中，变色龙被用来形容那些见风使舵、趋炎附势的小人，俄国作家契诃夫的小说《变色龙》便是其中的代表。

当时的人不明白变色龙变色的原理，因此将人的意志和特点强加到了变色龙身上。作为一个现代人，我们清楚地知道，变色龙的这种能力是基于一系列生物学原理和生理机制的奇妙结合。

变色龙的皮肤有三层色素细胞：最深的一层由载黑素细胞构成，该细胞中带有的黑色素可与上一层细胞相互交融；中间层由鸟嘌呤细胞构成，主要调控暗蓝色素；最外层细胞则主要是黄色素细胞和红色素细胞。色素细胞在神经的刺激下使色素在各层之间交融变换，从而实现变色龙身体颜色的多种变化。

当变色龙处于不同的环境时，它们的神经系统会接收到环境色彩信息，并将这些信息传递给色素细胞。变色龙的皮肤中有许多神经节和神经元，它们与色素细胞之间形成了复杂的连接网络。当接收到外部环境的刺激时，这些神经节会向色素细胞发送信号，促使它们释放或吸收色素颗粒。

我们先要了解变色龙皮肤的构造。

一个简单的例子是，当变色龙感知到周围环境变得更加明亮或充满阳光时，其神经系统会发出信号，促使色素细胞释放更多的黑色素颗粒。这样，变色龙的皮肤颜色就会变得较深，有助于吸收更多的热量和紫外线，并调节体温。

相反，当环境变得阴暗或呈现出较柔和的色调时，其神经系统会传递不同的信号，促使色素细胞释放更多的浅色素颗粒，从而使得变色龙的皮肤呈现出较浅的颜色。这样一来，变色龙就可以更好地融入周围环境，避免成为其他捕食者的目标。

◆ 小知识

变色龙的情绪状态也会影响它们的皮肤颜色。就像人类的脸色会因愤怒、恐惧、兴奋或惊讶而改变一样，变色龙也能通过调节色素细胞来表达它们的情绪。例如，当变色龙感到害怕或愤怒时，它们的皮肤会变得更暗或呈现出鲜艳的颜色；而在平静或放松的状态下，皮肤颜色就较为柔和。又如，为了显示自己对领地的统治权，雄性变色龙的体色会呈现出明亮的颜色，向侵犯领地的同类示威；当遇到自己不喜欢的求偶者时，雌性变色龙的体色会变得暗淡，以表示拒绝，有时还会显现出闪动的红色斑点；当变色龙准备发动攻击时，体色也会变得很暗。

让我们回到问题本身，如果把变色龙和彩虹糖放在一起，它会变成五颜六色的吗？其实，回答这个问题的关键点在于：第一，变色龙能否随心所欲地变换各种颜色？第二，变色龙变色之后能够持续多久？

　　首先，变色龙并不能随心所欲改变自身的颜色，它们有自己的"默认颜色"。在自然选择的作用下，它们的体色与生存环境高度相关，仅能在有限的范围内调节色调和亮度，增强在长期生活环境中的伪装效果。例如，在森林中，它们可能更倾向于呈现绿色，以适应植物的颜色。而在草原或干旱地区，它们可能更倾向于呈现褐色或灰色，以使自己融入干燥的地表。一般而言，变色龙的"默认颜色"主要包括绿色、褐色、灰色、灰白色，有时还带有类似树叶、树皮的花纹。即使是变色龙家族中最绚丽夺目的七彩变色龙（豹变色龙），也无法做到随心所欲变换体色。也就是说，将变色龙放在彩虹糖中，它们也不会变成五颜六色的。就算你只是把它们放在地板上，它们也不会变出地板上的花纹。

其次，变色龙改变身体颜色也不是即时发生的。有些变色龙的"变身"时间比较短，往往只需要几秒钟；但是，有些变色龙则需要"酝酿"一分钟以上。

最后，变色龙是杂食性动物，它们吃多种不同类型的食物。在野外，变色龙主要以昆虫为食，包括蝗虫、蝉、蚂蚁、蚱蜢、蜻蜓等。它们还会吃一些小型爬行动物和蛇类，如蝮蛇和小蜥蜴。有些种类的变色龙也会吃植物，如水果、叶子和花朵。但是，如果你有饲养变色龙的打算，可千万不要让它吃彩虹糖！

在猫眼中，主人真的是"另一只蠢猫"吗？

自从有文字记载以来，猫的身影就活跃在人类历史上的各个时期，成为人类最忠实的伙伴。约7500年前，人类便开始在中东地区的聚落附近驯养家猫，猫的捕鼠能力使它们获得了古人的青睐。

在约4000年前的古埃及，猫的地位有了显著提升。古埃及人将猫视为神圣的动物，认为它们与女神巴斯特有着密切联系。在古埃及壁画中，我们经常能够看到猫的身影，它们大多表情威严，穿金戴银，有时候额头上还会有"圣甲虫"标志。

为了表达敬意，古埃及人还会在家中敬奉和供养猫。法老甚至专门制定了法律，规定伤害或杀死猫的行为都会受到严惩。据记载，当时有一位倒霉的罗马士兵不小心杀死一只猫，结果被愤怒的群众活活打死。

古埃及人对猫的特殊崇拜，加速了猫的驯化与传播。在海上贸易中，古埃及人也将猫随船携带，将其传播到了地中海沿岸国家。

中世纪欧洲，猫曾一度被误解，主要是因为与女巫产生了联想，被视为邪恶的象征，这导致了猫的大规模灭绝。直到现在，我们在影视作品中还能看到女巫与猫的组合。

然而，随着鼠疫等传染病的蔓延，人们意识到猫对于控制老鼠的重要性，开始重新接纳和保护它们。

在中国，猫也极受欢迎。比如，《礼记》中就有"腊日迎猫以食田鼠，谓迎猫之神而祭之"的说法。意思是人们在腊八这一天会迎接猫来捕捉田鼠，并且还会祭拜猫神，以示敬意。唐代，猫在宫中风靡一时。到了宋代，猫的地位更加超然：养猫要下"聘书"，并请画师为猫画像，还要由东王公和西王母共同见证，才能将猫领回家。

◆ 小知识

《东京梦华录》记载，当时的汴梁城中开了很多猫店。宋代不少大文豪都为猫写过诗。比如，陆游就写过：

风卷江湖雨暗村，四山声作海涛翻。

溪柴火软蛮毡暖，我与狸奴不出门。

这里的狸奴就是猫。除此之外，黄庭坚等人也都是资深"猫奴"，都为自家的狸奴写过诗。

不过，无论是古人还是今人，对驯养猫这件事皆可谓尽心尽力。比如，《崇正辟谬通书》中就写到了"纳猫法"："用斗或桶，盛以布袋，至家讨箸一棍，和猫盛桶中携回。路遇沟缺，须填石以过，使不过家，从吉方归。取猫拜堂灶及犬毕，将箸横插于土堆上，令不在家撒屎，仍使上床睡，便不走徙。"意思是把猫装在斗或者桶里，外面再套一层布袋，还要找主人家要一双筷子，放在装猫的容器里。如果路上遇到沟壑，一定要用石头填平。到家以后，要带着猫去拜家里的神和狗，然后把筷子插在一个土堆里，猫就会把这个土堆当成自己上厕所的地方。而且，还会让猫上床睡觉，这样猫就不会到处乱跑了。

不过，无论人们怎么努力，猫依然保持着高冷的姿态，根本不把人们的讨好放在眼里。仿佛它才是主人，而人类在它眼中，只是"另一只蠢猫"罢了。很多"猫奴"对这个问题都十分好奇：为什么猫永远这样高冷，而不是像狗一样摇尾乞怜呢？其实，这都是基因使然。别看猫这么可爱，人家可是地地道道的猫科动物，跟凶猛的狮子、老虎和豹子是近亲，有猫科动物特有的性格特征。

| 独立探险家

猫拥有优秀的狩猎本能，因此常常表现得像独立的探险家。比如，当猫在户外闲逛时，会敏锐地捕捉到周围的一切动静，保持警觉并隐藏在草丛中等待猎物。即使主人在旁边呼唤，猫可能也会无动于衷，专注于自己的冒险探索。

| 自我打理专家

猫对自己的外貌非常在意，它们会花费大量时间梳理毛发。这种行为不仅有助于维持身体的清洁和健康，而且表现出它们对自己形象的重视。在家中，猫可能会在主人面前悠然自得地梳理毛发，好像在告诉主人："我很高冷，但也很美丽。"

| 独自享受宁静

猫有时喜欢独自享受宁静。当主人想要与之亲近或玩耍时，它们可能会选择一个高处或隐蔽的地方蜷缩起来，宁愿独自安静地待着。这样的行为是因为猫天性内敛，喜欢在自己的空间里保持独立，享受属于自己的"moment"（时光）。

| 细腻的表达方式

虽然猫不会像狗那样表达热情和亲近，但它们也有一些细腻的表达方式。比如，猫会通过尾巴、耳朵和眼神等来表达自己的情绪和需求。当猫对主人感到亲近时，可能会轻轻摩擦主人的腿部或头部，这是一种表达友好和信任的方式。

| 独立的生活习惯

猫往往有独立的生活习惯，可能会在固定的时间里吃饭、上厕所和休息。当主人试图改变猫的日常作息时，它们可能会显得有些反感和高冷。比如，当主人试图逼迫猫玩耍或拥抱时，它们可能会显得有些不耐烦，因为这打破了它们独立的生活习惯。

虽然猫有时表现得高冷，但它们同样是充满爱心和善良的生物。当主人能够理解其性格特点，给予它们足够的尊重和信任时，它们会在适当的时候表现出亲昵和温暖，与主人建立起深厚的情感纽带。作为"猫奴"，我们只有学会欣赏和尊重猫的独特个性，用心与它们交流，才能获得它们真挚的信任和爱意。与猫相处，不仅是一种责任，更是一场美妙的灵魂之旅。

如果生殖隔离消失，
地球会变成"山海经在线"吗？

你看过《山海经》吗？在这部记载了大量神话传说、奇特物种的典籍中，有样子像马、白头、红尾，通身是老虎斑纹，会唱歌的鹿蜀；有样子像普通乌龟，却长着鸟头和蛇尾，叫声像敲击木头一样难听的旋龟；有长相似鸡，却长着三头、六眼、六脚、三对翅膀的鹅鵌；还有长着九条尾巴的大名鼎鼎的九尾狐。

即使有意识地创造怪兽，人们也无法脱离自己的所见。这些来自《山海经》中的异兽，大多是由各种动物拼接在一起的，作者偶尔会赋予它们一些人类的特征，以增强"恐怖谷效应"。不过，即使如此，在影视行业空前繁荣的当下，这些怪兽都只能是小巫见大巫了。

众所周知，不同物种之间存在生殖隔离。因此，《山海经》中的异兽在现实中几乎不可能出现。生殖隔离是生物学中的一个重要概念，指不同种群或物种之间在生殖上相互隔离，无法有效交配并繁殖后代。它是物种形成和维持的关键因素，有助于保持种群的遗传纯度，防止杂交繁殖，避免后代生存率降低。

生殖隔离可以分为受精前隔离和受精后隔离两种类型：

受精前隔离指的是不同种群或物种由于行为、生理、生态等方面的差异而无法交配。这种隔离可以是外在的，比如物种之间存在不同的求偶行为和繁殖习惯；也可以是内在的，比如性腺发育不同，导致无法产生具有生育能力的后代。例如，同一地区的两个物种，它们的繁殖季节不同，求偶行为和信号不同，导致彼此之间无法有效交配。

受精后隔离指的是不同种群或物种虽然可以交配并产生杂交后代，但由于生理或生态因素，这些后代的生存和繁殖能力较低，无法在自然环境中存活下来。例如，一些杂交后代由于基因组不稳定，导致生育能力下降或生存能力较差，无法形成稳定的种群。

当生物群体被分隔在不同的地理或生态环境中，逐渐形成不同的特征和习性时，生殖隔离将阻止它们之间的基因交流，从而促进物种的分化和多样性。在自然界中，生殖隔离是维持生物多样性和物种演化的重要机制，同时也为生物学家研究物种形成和进化提供了重要的依据。

现在，让我们来假设一下：如果生殖隔离消失，世界会变成什么样子？

当生殖隔离消失，不同种群或种类的生物就可以自由交配，这会导致大规模的基因混合和杂交繁殖，并造成一系列奇特的生态和遗传现象，从而影响生物多样性和整个生态系统。

想象一下，如果沿海地区的海洋生物和陆地动物之间可以自由交配会出现何等场景：一只长着鱼鳍的老虎在海洋中自由地游动；一只长着翅膀的老鼠飞在空中；又或者，你还会看到一头真正的鹿蜀。虽然这些奇特的生物可能会在短期内吸引人们的目光，然而，它们很可能无法在特定的生态环境中生存和繁衍，最终很可能出于以下原因导致该物种的灭绝。

｜环境适应

每个物种都在漫长的进化过程中适应了特定的生态环境，拥有与之相匹配的生理特征和行为习性。例如，海洋生物通常具有适应水中生活的特征，而陆地动物则具有适应陆地生活的特征。如果这两个原本生活在不同环境中的物种交配后形成了新的杂交后代，这些后代可能既不具备适应水中生活的特征，也不具备适应陆地生活的特征，结果在特定的生态环境中无法生存和繁衍。

｜遗传多样性

物种的遗传多样性是维持种群适应性和生存能力的重要基础。在正常情况下，不同种群之间的生殖隔离有助于保持遗传多样性，使得物种可以适应不同的环境并应对不同的挑战。然而，一旦生殖隔离消失，不同种群之间的交配会导致基因的混合和削弱，使得新的杂交后代缺乏适应性和生存能力，从而难以在特定的生态环境中生存下去。

| 生态位竞争

不同物种在生态环境中占据着特定的生态位，它们通过不同的方式获取食物、避免被捕食并繁衍后代。一旦不同物种之间可以自由交配，可能会导致新的杂交后代与原有物种竞争同一生态位。这种竞争可能会导致资源的争夺和生态平衡的破坏，使得新的杂交后代在生态位竞争中处于不利地位，难以生存下去。

| 新的疾病

一旦不同物种之间可以自由交配，各种新的病害传播可能就会出现。一些生物可能携带着潜在的病原体，与其他物种交配后，这些病原体可能会传播给新的宿主，形成全新的传染病。而无论原有物种还是新形成的物种，都无法对抗这种疾病，最终使该物种走向灭绝。

| 生态平衡将被严重破坏

一些物种可能会大量繁殖，导致资源的过度消耗和生态系统的不稳定。而其他物种由于失去生存和繁衍的机会，数量可能会急剧减少，甚至灭绝。这将导致整个生态系统的混乱，影响到其他生物的生存和繁衍，形成连锁反应。

因此，由于以上种种原因，我们可以得出结论，就算物种间的生殖隔离消失，新产生的物种也无法在地球上繁衍延续，等待它们的很可能只有灭绝这条路。当然，地球也不会变成"山海经在线"。它可能只会微微一笑，迎接下一次物种大爆发的来临。

是的，无论是人类还是动物，不管怎样疯狂都不会毁灭地球，只会毁灭自己。

马达加斯加的企鹅能听懂南极企鹅说话吗？

由梦工厂打造的系列电影《马达加斯加》相信很多人都看过，给我们带来了很多欢乐的回忆。其中给我们留下深刻印象的，除了狮子亚利克斯、斑马马蒂、长颈鹿麦尔曼、爱跳舞的狐猴朱利安国王等动物伙伴，就要数贱贱的"企鹅四人组"了。它们并不是一开始就生活在马达加斯加，而是劫持了一艘船，漂洋过海才来到这里的。

那么，在现实中，马达加斯加有没有企鹅呢？这个问题其实很好回答，就算你去问一个小朋友，他也会斩钉截铁地告诉你：只有南极才有企鹅，马达加斯加地处热带，企鹅是很难生存下去的。然而事实上，除南极洲之外，企鹅在阿根廷、智利、南非、澳大利亚和新西兰等地均有分布。而南非的企鹅就是真正的非洲企鹅，又称非洲黑脚企鹅。

接下来让我们了解下一个问题：非洲企鹅能听懂南极企鹅说话吗？在解答这个问题之前，我们先要了解一下企鹅的语言系统。

企鹅是一种社会性很强的动物，动物学家通过对企鹅声波进行采集和分析，发现它们会采用不同的叫声进行交流，传递不同的信息，表达情感。在通常情况下，企鹅的叫声可以分为三类：

联络叫声、领域叫声（用来维护自己的领地）、求偶叫声。企鹅的叫声频率较低，需要仰着脖子朝天发出叫声，这样更有利于声音的传播。

如同人类的语言一样，叫声在企鹅的生存中起着至关重要的作用。比如，哪里有危险、哪里有食物，这些信息都是企鹅之间交流的重要信息。再比如，企鹅父母外出觅食回家时，可以通过叫声找到自己的宝宝；企鹅宝宝在外面遇到危险时，也可以通过叫声求援。

既然企鹅有自己的"语言"，那么，非洲企鹅能听懂南极企鹅"说话"吗？它们会不会像人类一样，不同国家或地区的人听不懂对方的语言，甚至同一个国家不同地区的人也听不懂对方的方言呢？事实上，动物之间也存在"方言"。拿企鹅来说，不同地区的企鹅可能会发出哨子声、喇叭声、雁鸣声、喷气声等形式各异的叫声。

在动物界，一些社交性动物也表现出了"说方言"的现象。这些"方言"可能体现在它们的叫声、呼唤、交流方式等方面。动物通过"方言"来辨认彼此的身份、进行社交和配对、区分领土范围等。"方言"对于动物在群体中的交流和协调非常重要，能帮助它们更好地适应和生存于特定的环境中。

美国宾夕法尼亚大学的佛林格斯教授为了研究乌鸦的"方

言"，曾在一地录制好乌鸦用来集合的"口令"，拿到另一个国家播放，结果这一"口令"立刻就失灵了。澳大利亚的卡纳比黑凤头鹦鹉十分擅长学习周围环境中其他鹦鹉的叫声，但因为生活在不同地区，它们学到的叫声有所不同，久而久之，便形成了不同地区的"方言"。

会叫的动物们有"方言"，那么，没有发声器官的动物是如何交流的？会不会产生类似的区别呢？其实，语言并非必须都有声音，就像我们的手语一样，动物一样可以通过化学信号、视觉信号、肢体动作等方式进行交流，这是独属于它们的"哑语"。在不同地区，这些交流方式也产生了或多或少的差异。

例如，蚂蚁是社会性昆虫，它们通过释放化学信息素来进行交流。不同种类的蚂蚁和不同分工的蚂蚁释放的信息素可能略有不同。

蜜蜂通过舞蹈来告诉同伴花的位置和花粉的丰富程度。摆尾舞是其中最为经典的舞蹈形式，其基本动作是在蜂巢上画出一个"8"字形，在"8"字的交界处，侦察蜂会快速地摆动自己的腹部，同时发出嗡嗡声。不同蜜蜂群体的舞蹈可能会略有不同，也可能因为环境条件的变化而有所区别。

蝴蝶通过翅膀的颜色、图案和姿态来进行交流，它们会利用翅膀上的视觉信号向同类传递信息，例如领地范围、繁殖状态等。 不同地区或种类的蝴蝶可能会有不同的翅膀颜色和图案，这也可以看作一种类似于方言的区别。

有些鱼类通过肌肉震动产生声音，但其他没有发声器官的鱼类则通常通过姿态、颜色、游动方式等来进行交流。 在不同环境和生活习性的影响下，它们的交流方式也可能会略有不同。

总之，生活在不同地区的动物，由于生存环境和生活方式的不同，或多或少都会在"语言"上产生差异，就算是不会发声的动物也会出现类似的情况。

｜社会性和归属感

究其原因，可以归纳为以下四点：

许多动物都是社会性生物，生活在群体中。 在一个群体内，成员之间需要进行交流和协作，以维持群体的稳定和团结。"方言"可以加强群体之间的归属感和社会联系，区分自己的群体与其他群体。

| 地理隔离

动物的"方言"还与地理位置有关。由于地理隔离,不同地区的动物群体可能在长时间内彼此隔离,导致它们的语言或声音逐渐产生差异,最终形成特定的"方言"。

| 社会学习

动物往往通过模仿和社会学习来掌握叫声。在一个群体中,幼年动物会模仿成年个体的声音。随着时间的推移,这些声音可能会发展成一种特有的"方言"。

| 个体识别

有些动物使用特定的声音来识别同类个体,就像我们使用名字一样。不同个体可能会发展出稍有差异的声音,形成个体间的识别标记。

动物界的"方言"现象让我们更加惊叹于自然界的奥妙。无论是会叫的动物还是没有发声器官的动物,它们都通过独特的交流方式展现着丰富多彩的语言世界。这些动物界的"方言"不仅帮助它们在群体中更好地交流和协作,还为我们探索动物行为和分析其适应环境的策略提供了新的视角。

正如"企鹅四人组"在《马达加斯加》中通过愉快的冒险故

事给我们带来欢乐一样，现实中的动物也在自己独特的"语言"里展示着它们生动的生活画面。无论是蚂蚁、蜜蜂、蝴蝶还是其他动物，"方言"都是它们生存和繁衍的重要一环。对它们进行观察和深入研究，我们更能感受到这些生物与人类之间的联系和共通之处，也更能珍视自然世界中每一个生命的独特之处。

在大街上碰到霸王龙该如何自救？

一觉醒来，你听见外面传来嘈杂的惊叫声、奔跑声和震耳欲聋的脚步声，连房子也在跟着晃动。你赶紧起身趴在窗户上一看，发现街上竟然出现了一只活的霸王龙。它正在横冲直撞，如入无人之境。是的，霸王龙复活了！

你虽然是一个霸王龙爱好者,家里有很多手办和玩偶,但此时你也只能拼命逃跑,上演一出现代版"叶公好龙"。

首先,我们来分析一下霸王龙的身体结构和特性。

霸王龙是一种巨大的肉食性恐龙,生活在约 6800 万年前的晚白垩世末期。它是已知最大、最具破坏力和最令人恐惧的恐龙之一,在现代史前动物学研究中广受关注。

霸王龙的身体结构非常壮观。它是一种双足的恐龙,具有强壮的后肢和短小的前肢。它的头部较大,口鼻部有着锋利的锯齿状牙齿,用于撕咬猎物。颈部还具有强健的肌肉,有助于在狩猎时保持稳定的姿势。它的整个身体覆盖着鳞片和角质物质,类似于现代鳄鱼的外表。

霸王龙的尾巴非常强壮,用于保持身体的平衡和增加转向时的灵活性。它的后肢有强大的肌肉，使其能够迅速奔跑和追逐猎物。它的前肢相对短小，但也有锐利的爪子，可以用来捕抓和拍击猎物。然而，较短的前肢在狩猎时的作用较为有限，更多是用于平衡身体。

至于霸王龙的精确奔跑速度，由于化石记录有限，并没有确切的科学数据。根据一些估算，霸王龙在短距离冲刺时的奔跑速度大约在每小时 20~25 千米。这个追逐速度虽然对于现代动物来说并不算快，但在当时的恐龙界已经相当恐怖了。其实，由于体形庞大和攻击力强大，霸王龙并不依赖于奔跑来捕获猎物，而是借助强大的咬合力和狩猎策略成功捕食。

面对突然出现的霸王龙，我们应该如何自救呢？

在面对突发情况时，保持冷静是最关键的，惊慌失措只会让我们的处境更加危险。要尽量控制自己的情绪，保持清醒的头脑。寻找远离霸王龙的安全地点，例如建筑物内部、高处或者其他可以躲避的地方。尽量远离霸王龙的视线和攻击范围，不要引起它的注意。避免发出嘈杂的声音或突然的动作，以免激怒它。

同时，不要奔跑。霸王龙有着很强的追逐能力，奔跑可能会激发它的捕猎本能。如果发现霸王龙正在向你跑来，你可以选择合适的交通工具逃离。毕竟我们并非生活在晚白垩世时期，一辆摩托车、一辆汽车甚至一辆公路自行车，都能帮你逃离霸王龙的追捕。最重要的是，一定不要和它起正面冲突。

也许你会说，这完全是杞人忧天嘛，怎么可能在街上碰到霸王龙？接下来，我们就来看一看，人类能不能像《侏罗纪公园》中所演的那样复活一只真正的霸王龙。

目前，人类对霸王龙的了解主要来自对化石的研究和古生物学的分析。通过发现、挖掘和分析霸王龙的化石，科学家已经对这种史前巨型恐龙的生态、外貌、行为和生活习性有了相当深入的认识。

复活霸王龙这样的古生物是一个在科学上和技术上都非常复杂的问题。要复活一只霸王龙，首先需要获取其尽可能完整和未受污染的 DNA。然而，由于时间的推移，化石中的 DNA 通常已经严重分解，并且极易受到环境污染，因此从化石中提取 DNA 是非常困难的任务。即使成功获得了 DNA，要将复杂的基因序列还原成完整的生物体也是一个巨大的挑战。

复活霸王龙需要以下几个步骤。

| DNA 的修复和组装

从化石中获得的 DNA 通常已经严重分解，且受到污染。科学家需要开发先进的 DNA 修复和组装技术，以还原出完整的 DNA 序列。

| 编辑和插入基因

复活霸王龙可能需要编辑和插入大量基因，以重新构建其遗传信息。这涉及基因编辑技术，如 CRISPR-Cas 9 等，但编辑巨型生物的基因仍然是一个挑战。

| 细胞和组织培养

复活生物需要从 DNA 中还原细胞和组织，并进行体外培养。这需要解决细胞培养和组织工程等复杂技术问题。

| 生物学复杂性

复活霸王龙还涉及生物学上的复杂性。要重建一个完整的生物体，不仅要考虑基因，还要考虑细胞类型、器官结构、生理功能等。

| 伦理和生态问题

复活霸王龙涉及许多伦理和生态问题。复活一个生物可能会对现有生态系统产生严重的影响，导致生态平衡的破坏和其他物种的灭绝。因此，在进行复活实验之前，需要进行充分的伦理评估和生态影响评估。

因此，就现在的生物学水平来说，复活霸王龙确实是一个极为复杂和艰巨的任务，但至少有了思路。也许在未来的某一天，我们真的能在街上看到一只霸王龙。

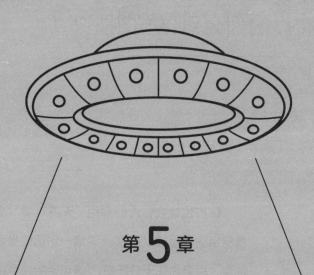

第 **5** 章

地理档案，探索未知的
地球秘密

上天容易入地难，
地震真的那么难以预测吗？

　　在古代社会，人们常用"天威难测"来形容皇帝的心思难以揣摩。说错一句话或做错一件事，后果往往十分严重。这句话后来也被用来形容天灾无法预测，经常造成极为严重的后果。一场台风、一次山洪、一次干旱的结果，往往都是赤地千里、生灵涂炭。

　　古人不清楚各种自然现象的成因，于是想象天上有天神、海中有龙王、山里有山精，甚至将自然灾害归因于统治者无德。进入现代社会之后，借助各种科技手段，人类已经能够准确预测各类自然灾害。通过监测卫星、气象雷达和风力测量仪等设备，气象学家能够实时追踪飓风和台风的路径、强度及速度，提前发布预警，使民众有时间采取防护措施。还可以通过气象卫星和雷达监测降雨情况，结合水文监测数据，预测出暴雨和洪水的发生时间和范围。就算是火山喷发，也可以通过地质监测提前获知。然而，无论借助何种手段，始终无法准确预测地震。

你或许会问，张衡在汉代就发明了世界上最早的地动仪，而且成功测报了发生在西北地区的一次地震，为什么一千多年过去了，我们却无法准确预测地震了呢？

这就要从地震的成因说起了。

地震是地球上常见的自然现象，其成因涉及复杂的地质和地球物理过程。构造地震是最为普遍的类型，它与地球内部的板块运动和构造变动密切相关。例如，当两个板块相互推挤、拉伸或滑动时，地壳就会发生断裂和错动，从而引发地震。这类地震往往会造成广泛的震害，如1989年美国旧金山地震和2008年中国汶川大地震。

火山地震是由火山活动引起的地震。当岩浆在地下运动时，岩石就有可能发生断裂和位移，导致火山地震。虽然这类地震规模通常较小，但与火山喷发相关的地震可对周边地区造成严重的破坏。

滑坡地震主要由山体滑坡或岩石崩塌引发。当山体发生剧烈变形时，会释放大量能量，从而形成滑坡地震。这类地震虽然规模相对较小，但其后果可能十分严重。

人为地震是由人类活动引起的地震现象。例如，当大规模水库蓄水或地下注水时，地壳上的水压增加，可能会导致地壳发生微小的变形，进而引发地震。同样，地下矿石开采也可能导致地壳位移，造成人为地震。虽然人为地震的规模通常较小，但长期积累就会导致地质环境变得不稳定。

预测地震的难点包括以下几个方面:

不确定的地震模式

地震是由地壳中的应力积累和释放引起的复杂过程。地震模式涉及多种物理过程,如断裂、滑动、能量传播等,而且这些过程可能相互影响。地壳运动的非线性和非均匀性使得地震行为难以建模,导致预测地震时间和规模变得困难。

缺乏有效的预测指标

目前,尚未找到明确的预测地震的可靠指标。虽然有些前兆现象(如地表变形、地下水位变化等)被认为与地震有关,但这些现象并非都能预示地震的发生,也可能出现在没有地震发生的情况下。因此,寻找可靠的预测指标仍然是一个重要的挑战。

地震发生时间的不确定性

地震的发生是一个随机过程,虽然地震活动在某些地区较为频繁，但具体的发生时间和地点仍然难以精确预测。即使在活动地震带，也无法确定何时何地会发生较大规模的地震。

| 缺乏历史数据

地震是地球上的自然现象，历史上并没有准确记录所有的地震事件。地震监测网络的建设是近现代才开始的，而较早的地震事件可能大都没有详细的记录，这导致缺乏足够的历史数据用于预测模型的建立。

| 不同地区的差异性

不同地区的地壳构造和地震活动特点各不相同，地震预测需要根据具体地区的地质特征和历史地震活动来进行。因此，针对不同地区开展地震预测研究需要考虑更多的因素，这增加了预测的复杂性。

正是由于以上原因，地震预测变得困难重重。

虽然地震预测困难重重，地质学家却从来没有放弃过努力。目前，世界主流的地震监测方法包括以下几种：

| 地震监测网络

建立地震监测网络是最常用的方式之一。通过在地震活动频繁的地区布置地震监测仪器，监测地震波和地壳变形等信息，就可实时追踪地震活动，提供地震预警和监测数据。

| 地震前兆观测

地震前兆包括地面变形、地下水位变化、地磁场异常等。可通过观测这些前兆现象，寻找与地震发生有关的规律性变化，来进行提前预警。

| 统计模型和机器学习

可利用历史地震数据和地震活动的统计规律，建立数学模型和机器学习算法，分析地震发生的可能性和趋势。

| 研究断层带

可通过研究断层带的地质特征和地震历史，了解断层的运动规律和潜在危险性，预测地震的发生。

地震的危害十分严重，尤其是发生在人口聚居地时，造成的后果往往是灾难性的。因此，无论有多大的困难，这项工作也要不断继续下去。

◆ 小知识

在地震预测的历史上，我国有过多次成功的先例。

1975 年 2 月 3 日，辽宁地震部门在深夜向省政府紧急报告，预测辽东半岛上可能要发生一次较大地震。2 月 4 日，居民紧急撤离。当晚 7 时 36 分，7.3 级强震袭来。由于提前安排组织了人员疏散，死于地震的人非常少。

一般情况下，对地震的成功预测都建立在当地短时间内多次发生强震的基础上，有运气的成分。然而，尽管有这些成功的先例，地震预测仍然是一项复杂而困难的任务。地震活动的不确定性和复杂性使得准确预测地震仍然具有挑战性。

被一颗陨石砸中的概率有多大?

1954 年 11 月的一天, 美国亚拉巴马州的一座小镇, 微风不燥, 阳光正好。 虽然正值冷战时期, 但对于 34 岁的安·霍奇斯女士来说, 一切都显得那样平静美好。

阳光透过落地窗照着安，她随手把沙发上的薄毯盖在身上打起了盹儿。

突然，一块黑色的石头呼啸着击穿了天花板，将桌子上的收音机、报纸等杂物掀翻在地。

安被突如其来的袭击吓得瞬间清醒。然而，她还没来得及反应，这块石头就直直向她砸了下来，剧烈的疼痛让她瞬间失去了知觉。

再次醒来时，安已经躺在了医院的病床上，腰部左侧留下一大片菠萝状的瘀伤。起初，人们认为这是苏联发动的一次突然袭击。那天下午，很多人都看到天空中出现巨大火球，将云朵都染成了褐色。然而，经多方考证，那块不起眼的黑色石头竟是一块重达 3.86 千克、长度约为 17.8 厘米的陨石。安也作为第一个被陨石袭击的人而载入史册。

不久之后，安伤愈出院。但是，关于这块"天外来物"的归属又出现了争议。政府认为，陨石从天而降，应该归政府所有，并将陨石没收后交给空军进行研究。不过，安却据理力争，她认为陨石既然砸中了自己，那就是自己的私人财产。

事件发酵之后，在舆论的压力之下，美国政府不得不将其归还给了安。不久，安的房东又找了过来，声称陨石掉进谁家的房子，就是谁的财产。后来，两人在法庭上经过一番唇枪舌剑，最终达成和解。安付给房东 500 美元（当时 500 美元的购买力相当于现在的上万美元），获得了陨石的所有权。至此，这场"陨石风波"终于落下帷幕。

根据天文学家的计算，被陨石砸中的概率非常小，几乎可以忽略不计。我们先来看看陨石的成因。

陨石是在宇宙空间中形成的小天体，其形成过程主要涉及宇宙中的天体碰撞和星体爆炸，大致包括以下三种情况：

天体碰撞

在宇宙中，有大量的天体，如行星、卫星、小行星、彗星等。这些天体在运动过程中，可能会相互碰撞。两个天体相撞时，会产生巨大的能量，将天体表面的物质抛射出来，形成陨石。这些陨石可能会在太空中飘浮，也可能会落到地球或其他行星表面。

星体爆炸

恒星在其生命周期的某个阶段可能会经历超新星爆发，这是一种剧烈的爆炸。超新星爆发会释放出极大的能量，将恒星的物质抛射到宇宙空间。这些被抛射出的物质中可能包含陨石，因此超新星爆发也是陨石形成的一种途径。

行星形成

在行星形成的过程中，大量的小行星和岩石碎片会聚集在一起。在这个过程中，一些小行星可能会受到其他天体的撞击，从而被击碎形成陨石。

陨石可以是岩石、金属或岩石与金属的混合物，大小从微小的尘埃粒子到数十米甚至上百米不等。一些大型的陨石砸到地面时，会形成陨石坑，我们在月球表面就能看到大小不一的陨石坑。那么问题来了，为什么地球表面没有呢？这是因为，陨石想要成功落到地球表面，还要经历"九九八十一难"。

首先，陨石会以极快的速度从太空进入地球的大气层，同时在这一过程中与空气剧烈摩擦。这样的高速摩擦使得陨石表面的温度急剧上升，甚至可以到达几千摄氏度。在大气层中，陨石还会因为空气阻力而减速。

由于高温，陨石表面的物质会燃烧蒸发，发出耀眼的光芒，这就是我们看到的"流星"。而当地球穿过由彗星瓦解后遗留的碎物组成的尘埃带时，大量微小颗粒相继闯入大气层，就会形成接连不断的流星现象，这便是"流星雨"。

接着，这些逃过一劫的"天外来物"会继续向地表飞行。随着飞行距离的增加，陨石的亮度会逐渐减弱。这是因为其表面物质不断燃烧和蒸发，导致陨石整体变小。通过较低的大气层的小陨石即使能够坠落到地表，落地时的高速度和撞击力也会导致它们迅速燃烧或破碎，使得它们无法完整地坠落到地球表面。正因如此，我们见到的陨石大多都是小石块的状态。

每年坠落到地球的陨石数量相当庞大，但大部分都是微小的尘埃颗粒，不会对人类和地球造成明显的影响。据估计，每年有数百至数千吨的陨石物质进入地球的大气层，但绝大多数都会在大气层中被烧毁，只有极少数较小的陨石能够通过大气层并坠落到地表。

具体的数量难以准确估计，因为很多陨石是在无人发觉的地方坠落，而且坠落后很快就会被自然环境覆盖，不易被发现。不过，科学家和天文学家通过观测和记录，估算出每年大约有数千到数万颗陨石能够坠落到地球表面。而人被陨石击中的概率只有七十万分之一，比被雷劈中的概率低得多。

俗话说"物以稀为贵"，陨石的数量如此稀少，自然会有人热衷收藏。19 世纪后期，美国掀起了一阵陨石收藏热，一些稀有陨石的价格甚至被炒到了每克上千美元。安获得的陨石就被当地博物馆开价 5000 美元。不过，安并没有出售这份"上帝赐予的礼物"。两年后，她把这块陨石无偿捐献给了博物馆。

直到现在，仍然有很多人热衷于收藏陨石。2020 年，英国伦敦佳士得拍卖行为一块名为"NWA 12691"的 13.5 千克重的陨石估价 250 万英镑。这块陨石来自月球，在宇宙中至少飞行了约 38 万千米，随流星雨一起坠落地面，最终掉落在撒哈拉沙漠。

人类跟随地球自转，所以站在极点是静止不动的吗？

"坐地日行八万里，巡天遥看一千河。"这句诗的意思是，地球上的人们虽然感觉静止不动，但实际上由于地球的自转，一天之中已经不知不觉随地球行进了八万里。

地球的自转围绕着一条假想线，这条线穿过北极和南极，被称为地轴。由于地球是一个旋转的球体，在赤道上的自转线速度最快。赤道是地球最宽的部分，距离地轴最远，因此赤道地区的地表自转线速度约为 1670 千米／小时。

随着纬度从赤道向极地移动，自转线速度逐渐减慢。这是因为纬度越高，地表距离

地轴越近。在极地（如北极或南极），地球的自转轴与地表垂直，因此地表的自转线速度为零。也就是说，站在极点上的人是没有线速度的。地球自转是产生昼夜交替的原因，昼夜长短因地球自转轴与公转轨道的倾斜角度而显著变化。在赤道地区，昼夜长度通常较为均匀；而在高纬度地区，尤其在极

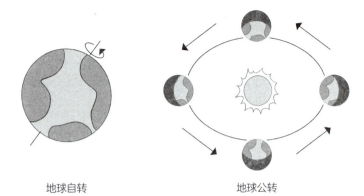

地球自转　　　　　　　　　　　　地球公转

地，甚至会出现极昼或者极夜的现象。

当我们站在地球上，我们和地球的其他部分一起以相同的速度自转。在这种情况下，我们的身体和周围的事物都具有相同的自转速度。根据惯性原理，处于相同运动状态的物体之间是相对静止的。想象一下，当你身处一个以一定速度行驶的火车时，火车内的物体和其他乘客相对于你来说就都是静止的，因为你与其具有相同的速度。

类似地，我们站在地球上，随着地球的自转，我们的身体和周围的物体也具有相同的自转速度。因此，我们不会感觉到地球的自转运动，就好像我们和地球的其他部分是相对静止的。

考虑到地球的直径约为 12,742 千米，我们所处的位置相对于地球的整体尺度微不足道。想象你站在地球的表面，你的位

置相对于地球直径来说是非常微小的，几乎可以忽略不计。

因此，即使地球自转的速度相对较快，由于惯性和地球的尺度，我们也难以察觉。这就是为什么我们没有明显的运动感。我们所处的参考框架随着地球的自转一起移动，我们的感知适应了这种常态，因此不会感受到自转运动。

▏神经系统的协同作用

人体的神经系统能够感知身体的位置和运动，并通过平衡器官（如内耳）和视觉系统进行沟通，这使得我们能够在运动和变化的环境中保持平衡与稳定。当地球自转时，我们的神经系统会感知到身体的运动，但由于我们与地球的其他物体一起自转，所以相对于周围的环境并没有实际旋转或移动，因此神经系统会自动调整感知，使我们感到平稳而不头晕。

▏视觉系统的作用

视觉系统在感知运动和方向上起着重要作用。当我们站在地球上时，视觉系统同时接收到地面和周围物体的信息，这些信息指示着我们相对于环境的运动状态。然而，由于我们与地球一起自转，地面和周围的物体也在相同的速度下运动，因此我们的视觉系统并没有接收到明显的相对运动的信息，也就无法造成头晕感。

| 适应性

人体有很强的适应性，包括对运动的适应。地球的自转是一个常态，我们从小就在自转的状态下成长，这就使得我们的身体和神经系统对这种运动状态变得非常适应。我们的大脑会将地球自转的感觉视为正常和平稳的状态，因此不会有晕眩感。

接下来，我们来看另一个问题：这么快的运动速度，我们为什么没有被甩出去呢？这是因为万有引力。地球对我们施加引力，使我们紧密地与地球相连。

◆ **小知识**

万有引力常数（G）是一个物理学常量，其数值为：

$G = 6.67 \times 10^{-11}\,N \cdot m^2/kg^2$

N 代表牛顿，是力的单位；

m 代表米，是长度的单位；

kg 代表千克，是质量的单位。

该常数是一个普遍适用于所有物体相互之间引力计算的常量，它在牛顿万有引力定律中用于计算两个物体之间的引力大小。无论是地球对人的引力、月球对地球的引力，还是太阳对行星的引力，都可以通过万有引力常数来计算。

地球对我们产生的引力是相当大的，但我们之所以只是被牢牢地吸在地球表面，而并没有被压扁或吸到地球内部，是因为我们的身体也有质量。当我们站在地面上时，我们的身体与地球之间产生了一个平衡状态，即地球对我们产生的引力与我们的身体对地球产生的反向支持力（地面对我们的压力）相等。地球就像一个巨大的磁铁，而我们就像被吸附在磁铁上的铁屑一样。

《流浪地球》的故事真的
会发生吗？

2019 年，由郭帆导演执导，改编自刘慈欣同名小说的《流浪地球》上映，在国内引起了巨大轰动。故事背景设定在遥远的未来，太阳即将膨胀并吞噬太阳系。为了生存，人类启动"流浪地球"计划，倾尽所有力量制造"行星发动机"，驱使地球逃离太阳系，前往太空中的新家园。最终，《流浪地球》获得票房 46.55 亿元人民币，在国内和国际都取得了巨大成功，成为中国科幻片的标杆。

你可能会有这样的疑问：未来的某一天，《流浪地球》中的故事真的会发生吗？这就要说到天体的寿命问题了。是的，和人类一样，太阳也有自己的寿命。

◆ **小知识**

在天文学中，恒星的生命被分为以下几个阶段：

1. 分子云阶段

恒星的生命从巨大的分子云开始。这些分子云诞生于宇宙中气体和尘埃密集的区域。在引力的作用下，气体和尘埃聚集在一起形成云团。

2. 恒星形成阶段

当分子云足够密集时，其中的气体和尘埃开始坍缩，并在核心区域形成高温高压环境。当核心温度足够高时，核聚变反应开始，氢转变为氦，释放出大量的能量和光辐射。

3. 主序星阶段

主序星阶段是恒星生命周期中最稳定的阶段。在这一阶段，恒星的核聚变反应保持平衡，恒星表面的辐射与核心核聚变释放的能量平衡，使恒星保持稳定的大小和亮度。

4. 红巨星阶段

当恒星核心氢燃料耗尽时，核聚变反应减弱，核心开始收缩，外层气体膨胀。这使得恒星外层膨胀成为红巨星，体积增大，亮度增强。

5. 恒星的后续阶段

对于质量较小的恒星，它们在红巨星阶段后会膨胀成为红巨星，然后逐渐释放外层气体，形成行星状星云，核心会变成白矮星或中子星。对于质量更大的恒星，它们可能在红巨星阶段后爆发成为超新星，释放出极其强烈的能量。

6. 白矮星或中子星阶段

在恒星的外层气体释放后，剩余的核心会变成白矮星或中子星。白矮星是由质量较小的恒星形成的，它们的体积很小，密度很高。而中子星是质量更大的恒星在超新星爆发后形成的，它们的密度更高，体积更小。

7. 黑洞阶段

质量非常大的恒星在超新星爆发后可能形成黑洞。黑洞是一种极其密集的天体，它的引力非常强大，连光都无法逃脱。

《流浪地球》的故事就发生在太阳即将变为红巨星的阶段。此时，随着氢的消耗，太阳核心的温度和压力将逐渐增加。在这个阶段，太阳可能会吞噬其附近的行星，包括地球，因为其膨胀的气层可能延伸到地球的轨道。

那么，太阳目前还有多少"寿命"呢？或者说，太阳距离红巨星阶段还有多少年呢？根据天文学家的测算，太阳目前正处于主序星阶段，并已经存在了大约 46 亿年。天体物理学家根据模型和估算，预计太阳还会继续处在主序星阶段 50 亿年左右。

等等，你是不是也发现问题了？《流浪地球》的故事明明发生在 2075 年，太阳在那个时候怎么会即将进入红巨星阶段呢？原文中是这样说的：

> 三个多世纪前，天体物理学家就发现太阳内部氢转化为氦的速度突然加快，于是，他们发射了上万枚探测器穿过太阳，最终建立了这颗恒星完整精确的数学模型。巨型计算机对这个模型计算的结果表明，太阳的演化已向主星序外偏移，氦元素的聚变将在很短的时间内传遍整个太阳内部，由此产生一次叫"氦闪"的剧烈爆炸。之后，太阳将变为一颗巨大但暗淡的红巨星，它膨胀到如此之大，地球将在太阳内部运行！事实上，在这之前的氦闪爆发中，我们的星球已被气化了。

正是因为这次"氦闪"，人类才会启动"流浪地球"计划。所谓氦闪，是恒星的一个重要演化过程，特别是对于像太阳这样质量较小的恒星。它是指恒星核心内的氢核聚变反应逐渐耗尽后，恒星会在其内部发生快速的氦核聚变反应，导致恒星的能量

掌声送给刘慈欣，他的脑洞非常大。

输出急剧增加。

在太阳的演化过程中，它的核心处进行着氢核聚变反应，将四个氢核聚变成一个氦核，释放大量能量。这个过程让太阳维持了几十亿年的稳定状态。然而，随着氢被耗尽，太阳的核心会逐渐减少能量输出，内部压力再也抵抗不住重力坍缩的趋势。

当太阳核心的温度和压力达到足够高的程度时，氦核聚变反应会突然开始，将三个氦核聚变成一个碳核。这个过程产生的大量能量会导致恒星的外层膨胀，并释放出大量的光和热，形成一次剧烈的爆炸，即所谓的氦闪。在这个过程中，太阳的亮度将急剧增加，可能会比原来增加数千倍，但持续时间相对较短，只有几百年至一千年不等。

那么，原文中描述的这种突然氦闪会不会发生呢？根据现有的天体物理学理论和对太阳的观测可知，太阳的演化过程是较为缓慢和平稳的，不会出现突然的氦闪或类似的剧烈爆炸。

所以，至少在有生之年，我们暂时不用考虑如何把地球送到其他星系的问题。

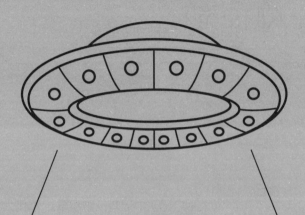

第 **6** 章

神奇心理学，揭秘反常
行为背后的规律

什么？ "脑子进水" 竟是大脑常态？

《太平广记》中记有一则趣事。隋代大将军杨素是个风趣幽默的人，很健谈。他手下有个叫侯白的文人，脑洞很大。

有一次，杨素问侯白："现在有个百尺深的坑，你不小心掉了进去，怎么才能出来？"侯白说："这事简单，给我一根针就够了。"隋代1尺约合29.6厘米，百尺将近30米，约等于现今10层楼的高度。

杨素百思不得其解，只好问道："这么深的坑，你带一根针够干什么的？"侯白哈哈大笑说："我用针把头戳一个洞，流出来的水就够我浮上去了！"杨素疑惑道："你脑子里哪来的那么多水？"侯白说："要是没那么多水，我是怎么掉进去的？"杨素恍然大悟，捧腹大笑。这就是"脑子进水"的来历。

一直到现在，很多地区仍然用"脑子进水"来形容那些做傻事的人，类似于上海人说的"侬脑子瓦特啦"。

脑脊液是一种透明的液体，包围着我们的脑和脊髓，可以让大脑在舒服的环境中工作。

　　脑脊液主要由脑室系统产生。脑室是大脑内部的腔隙，通过一系列的通道和孔隙连接在一起。这些脑室内产生的脑脊液会流动到脑脊液池和脊髓，然后通过脊髓管进入脑脊液循环系统。在脑脊液循环系统中，脑脊液会不断地循环流动，维持着脑脊液的平衡和稳定。

　　脑脊液在脑和脊髓腔中起到的保护作用是非常重要的。它可以起到缓冲的作用，当头部受到外力冲击时，脑脊液可以吸收和分散部分冲击力，减轻对大脑的损伤。此外，脑脊液还可以保持脑组织的稳定，避免脑组织因重量而受到挤压。

　　脑脊液还对脑内代谢产物的清理起着关键作用。通过脑脊液的循环，代谢产物可以被带走，有助于保持脑内环境的清洁和平衡。

　　同时，脑脊液还在脑压的平衡上发挥着重要作用。当脑脊液的产生、循环或吸收出现问题时，可能会导致脑压增高或降低，从而影响到大脑和神经系统的正常功能。

　　如果把大脑比作一栋房子，脑脊液就是这栋房子的保安。它默默地在房子中"巡逻"，时刻保护着中枢神经系统，让我们

能够高枕无忧。如果没有这个顶级保安，我们可就少不了做糊涂事了，不是忘记带钥匙，就是把手机放进冰箱，或是把袜子套在手上。脑脊液又像是大脑的"全职保姆"，时刻在大脑里收拾垃圾、清除废物，确保大脑环境清新干净。

脑脊液生成过多或循环不畅，会导致脑室压力增高、脑室扩大，形成脑积水。除此之外，脑脊液循环系统异常、脑脊液吸收受阻，脑脊液在脑室中无法正常排出，以及感染或出血等因素，也可能引发脑积水。

脑积水的影响是多方面的。首先，颅内压增高会对大脑产生压迫，影响大脑的正常功能。患者可能会出现头痛、恶心、呕吐等症状，严重者甚至还可能危及生命。其次，脑脊液的异常积聚会对神经系统造成影响，引起步态不稳、肢体无力、视力障碍等神经系统疾病的症状。

另外，脑积水还可能导致智力和认知能力障碍。由于脑脊液的异常压迫，大脑的正常功能受到干扰，患者可能表现出记忆力减退、注意力不集中、认知能力下降等问题。

值得一提的是，脑积水对于婴幼儿的影响更为严重。由于颅骨尚未完全骨化，颅内压力增高可能导致颅骨畸形，影响头颅的正常生长。而对于胎儿而言，脑积水可能会干扰其神经系统的发育，对智力和神经功能造成永久性的影响。

早期发现和干预对脑积水患者的康复及生活质量的提高非常重要。以下是一些不同成因及年龄阶段脑积水患者的常见症状：

| 高颅压性脑积水

典型症状：头痛、视力障碍、恶心、呕吐等。

可能的其他症状：精神状态改变，如易怒、情绪波动等。

高颅压性脑积水多见于成人，可由脑脊液阻塞或脑膜炎等情况引起。

| 特发性正常压力性脑积水

典型症状：认知障碍、尿失禁和行走困难共济失调三联征。

特发性正常压力性脑积水常见于中老年人，可由脑脊液循环受阻引起。

儿童脑积水

典型症状：烦躁、表情淡漠、食欲差、步态异常等。

可能的其他症状：头围迅速增大、头大脸小、眼睛出现"落日征"。

儿童脑积水可能与先天性问题有关，脑室内脑膜瘤等引起的脑积水较为常见。

青少年及成人脑积水

典型症状：视力障碍、恶心、呕吐、尿失禁等。

可能的其他症状：身体平衡问题、记忆力减退、智力障碍。

青少年及成人脑积水可能与颅内感染、颅脑外伤、脑肿瘤等因素相关。

脑积水没有办法有效预防，但定期产检、定期接种疫苗、积极处理和预防感染性疾病、预防各种外伤、防治高血压等措施均可以有效降低脑积水发生的风险。如果家里有孩子，一定要给孩子配备安全座椅；运动时也要戴好护具，保护好头部。

如何拯救"恋爱脑"?

你身边有没有这样的人：他们只要开始谈恋爱，对方在他们眼中就会化身绝对完美的人，一句劝告也听不得，一点缺点也看不见，只要是对方说的就是绝对真理，让他们上刀山、下火海也在所不惜。他们还会盲目地自我牺牲，对方的要求即使再过分，在他们这里也绝对合情合理。他们擅长牺牲自己，把所有的好东西都让给对方。一有时间，他们不是打电话就是发短信，煲几个小时的电话粥对他们来说绝对稀松平常。这种人我们一般称之为"恋爱脑"。

　　热恋时，"恋爱脑"们像是偶像剧中的男女主角，激情澎湃，对未来信心满满，时时刻刻都沉浸在幸福中；吵架时，"恋爱脑"们会变得怨天尤人，患得患失，仿佛被全世界抛弃一样，甚至无法正常生活；分手后，"恋爱脑"们会感到天塌地陷，哭得昏天黑地，乃至寻死觅活。

　　在今天的各大社交平台，"恋爱脑"已经成为人们竞相嘲讽和调侃的对象。就连王宝钏也被拽了出来，荣获"恋爱脑鼻祖"称号，成为反"恋爱脑"的绝佳教材：与家人断绝关系，放弃富家千金的身份，十八年独守寒窑，困病交加，挖光了周围的野菜，苦等丈夫薛平贵归来。薛平贵呢？因在战场上屡立战功，做了西凉驸马。

毫无疑问，站在当代人的角度，王宝钏的种种表现反映了她就是个十足的"恋爱脑"；不过放在古代的环境中，这样的故事和人物却极度"政治正确"。另一方面，王宝钏的故事也带有对自由恋爱、自由婚姻的向往，以及对桎梏的反抗，一味说她是"恋爱脑"似乎有失公允。

回到问题本身，我们平时所说的"恋爱脑"到底有哪些特征呢？接下来，我们就从心理学的角度来进行一次彻底的剖析。

"恋爱脑"一般是付出型人格的体现。这里需要注意，付出型人格与讨好型人格不能等同来看：讨好型人格讨好的对象是所有人，他们渴望被所有人认可，非常在意自己在他人心目中的位置；而付出型人格只是对某一类人付出，比如恋人。

付出型人格是一种性格特质，指的是个体在人际关系中倾向于过度关注他人的需求和感受，不断付出并牺牲自己的利益，以获取他人的认可和喜爱。这种人格类型的个体通常表现出极大的善良、慷慨和关怀，常常愿意为他人做出牺牲，并在他人需要帮助时毫不犹豫地提供援助。

付出型人格的主要特征包括：

过度关注他人需求

付出型个体倾向于关注他人的需求和感受，常常会主动询问他人的需求，并竭尽全力满足。

| 自我牺牲

付出型个体通常会在人际关系中牺牲自己的利益，只为他人着想，而忽略了自己的感受和需求。

| 寻求认可和喜爱

付出型个体通常希望通过为他人付出来获得他人的认可和喜爱，认为只有通过为他人服务才能得到他人的喜欢。

| 难以拒绝他人

付出型个体常常难以拒绝他人的请求，即使他们不愿意或无

法满足对方，也会勉强答应。

｜过度依赖他人的认可

付出型个体对于他人的评价和认可非常在意，常常会根据他人的反馈来判断自己的价值和重要性。

下面我们来针对"恋爱脑"的成因"对症下药"。改变付出型人格，可以通过以下几个方面进行。

｜设立"我"时间

在恋爱中，留出一段专门属于自己的"我"时间，用来追求自己的兴趣爱好，锻炼身体或放松心情。这样可以让你更好地关注自己，增加自我满足感。当你被其他事物吸引时，就会自然而然地跳出过度依赖对方的两性关系。在选择活动时，可以挑选一些需要集中注意力的，比如骑车、阅读、绘画等。如果还是无法集中注意力，不妨尝试关掉手机，给"我"一段完全独立的时间、一个完全独立的空间。

｜学会说"不"

当对方提出要求时，如果你感到不舒服或无法满足，学会婉转地说"不"。你可以解释自己的感受和需求，而不是盲目地迁就对方。例如，如果恋人邀请你参加一个你并不感兴趣的活动，你可以委婉地拒绝，并提出自己的建议。拒绝的次数多了，你就会发现，原来拒绝别人也不会怎么样。

设定界限

在恋爱中，设定清晰的个人界限和底线。不要因为害怕失去对方而不断迁就，要明确自己的底线并坚守。例如，如果对方做出了一些你无法接受的行为或提出过于苛刻的要求，你可以坚决地表达不满，并坚守自己的底线，不为了维持关系而放弃自己的原则。

制定目标清单

在恋爱中，制定一个个人目标清单，包括自己的事业、学业、兴趣爱好等方面的目标。在恋爱中不要完全忽视这些目标，而是要平衡关注。例如，如果你在工作或学业上有重要的计划，不要因为恋爱而放弃追求自己的目标，应该在恋爱和个人目标之间寻求平衡，这样可以有效稀释"恋爱脑"。

自我肯定

学会给自己肯定和鼓励，不要总是寄希望于得到他人的认可。 要认识到自己的价值不仅在于为对方付出，还在于照顾和满足自己的需求。 例如，如果对方对你的付出没有给予足够的回应，不要自责或觉得自己没有价值，而是学会自我肯定，认识到自己的付出是出于真心和善意。

｜寻找支持

如果你觉得付出型人格严重影响了恋爱关系和个人幸福感，可以寻求专业心理咨询或心理治疗的支持。 心理专业人员可以帮助你深入了解自己的行为模式，并提供更有针对性的帮助和指导。

另外，在恋爱关系中，利他行为是不可或缺的。 感情是在恋爱双方的付出和支持中建立的，不应简单地将所有的付出行为都看作"恋爱脑"的表现。 爱是相互的，健康的恋爱关系需要双方在适当的时候为对方付出，要理性地看待这种付出，避免过度标签化。

"乖乖女"为什么容易吸引"感情骗子"？

琪琪从小到大都是一个"乖乖女"，长相出众，成绩优秀，一直是众人眼中"别人家的孩子"。然而，让大家没想到的是，一路顺遂的琪琪却在感情方面一连栽了好几个跟头，也因此被大家贴上了"吸渣体质"的标签。

其实，无论是在影视作品还是现实生活中，"乖乖女"和"感情骗子"的组合并不少见。那么，"乖乖女"为什么总是偏爱"感情骗子"呢？让我们从心理学角度来深入分析"乖乖女"对"感情骗子"情感依赖的成因、表现及可能带来的危害。

首先，"感情骗子"容易让"乖乖女"欠缺的"情感需求"得到补偿。

"乖乖女"从小是在众人"乖巧懂事"的称赞中长大的，她们听从父母的要求，包括吃饭、睡觉、上学、考试、升学，甚至在上了大学后，依然对父母的话言听计从，选择父母喜欢的专业，毕业后进入父母看中的公司……可以说，从小到大，很多"乖乖女"从来没反抗过父母的要求，事事顺从。

在如此的成长背景下，"乖乖女"就会缺乏对自己真正情感需求的认识。她们从未思考过自己究竟想要怎样的生活，想要和怎样的人谈恋爱。在这种背景下，"感情骗子"就很容易得到她们的青睐，因为"感情骗子"往往会给"乖乖女"带来一种"反差效应"。他们通常具有一种不羁、自由、独立、冒险的形象，与"乖乖女"形成了鲜明的对比。正因如此，"乖乖女"一旦遇到善于表现的"感情骗子"，就会被他们吸引。这便是心理学上所谓的"补偿心理"，即一个人的内心越是缺少什么，就越想拥有什么。

其次，"乖乖女"在感情中的道德感会被无限放大。

在和"感情骗子"交往的过程中，"乖乖女"身上的道德感会被无限放大，而她们也会由此获得一种内心深处的优越感。也就是说，"乖乖女"认为自己中始终是对的，即使和"感情骗子"谈恋爱，自己也永远是对的那一方。如此一来，她们便能在这份感情中获得发自内心的优越感，而这也使她们更加坚定了对自己的身份认同，进而对这份感情产生了依赖感，并由此滋生出快感。

在感情中，"乖乖女"往往会对自己的道德感和正确性高度自信，不容许别人质疑自己的选择，即使明知对方是个"感情骗子"，也会选择继续坚持下去。她们会用各种理由来辩解对方的不良行为，认为对方这么做是有原因的，而自己能够改变他。然而，这种过度自信的态度可能会让"乖乖女"陷入感情的泥沼，无法自拔。

最后，"乖乖女"存在救赎心理。

根据依恋理论，一个人在童年时期形成的依恋模式会影响其在成年后的情感关系。如果一个女孩在童年时期没有得到父母足够的关爱，没有足够的安全感，就可能会在成年后寻求不稳定、有挑战性和需要救赎的恋爱关系，希望在这种关系中获得被需要的感觉。

很多"乖乖女"都乐于寻求不稳定、有挑战性和需要救赎的恋爱关系，这使得她们总是容易遇到"感情骗子"。实际上，不仅是以琪琪为代表的"乖乖女"希望在感情中避免受到伤害，恋爱中的所有人，无论男性还是女性，都有这样的需求。想要避免类似的情况发生，可以从以下几个方面着手：

重塑个人需求，选择合适的另一半

对自己的综合实力进行清醒地评估，包括家境、教育、资产、收入、性格、颜值、身材等方面。同时，也要分析对方，了解其是否与自己相匹配。寻找那些能够理解你、尊重你的选择，并愿意与你共同成长的人，而不是单纯靠外表吸引你或者给你不稳定感的感情骗子。

学会投资自己

爱自己并不是自私的表现，而是要在有限的生命里，懂得将大部分时间、精力以及钱财等放在自己身上，也就是所谓的投资自己。培养自己的爱好、提升自己的能力、关注自己的身体健康，这样你才能变得更加出色，也才能吸引更优秀的人，这便是"吸引力法则"。

自信并及时表达自己的情绪

在和一个人交往的过程中，你的心里但凡有任何不舒服、不愉悦的情绪出现，都要第一时间表达出来，千万不要憋在心里，否则长此以往，你就会成为卑微、被动的一方，被对方牵着鼻子走。要相信自己是美好的，是值得被爱的。同时，也要学会识别真正关心你的人和只是想占便宜的感情骗子。

及时止损

一旦在感情世界里遭遇感情骗子，就要及时结束这段关系，这样才能避免造成更大的损失和伤害。不要为了坚持一时的情感而忽视了自己的价值和尊严。

学会鉴别感情骗子

以下是一份"鉴渣指南"，请注意查收。

1. 只看行动，别听他说了什么

感情骗子往往擅长用甜言蜜语迷惑人心，但他们的真实一面往往体现在行动中。观察对方对你的承诺是否言行一致，是否真心关心你的感受。

2. 看他是否愿意将自己珍视的资源分享给你

感情骗子往往独享对自己有利的资源，而不愿意与你分享。

一个值得依赖的伴侣，愿意与你分享他的时间、关心和资源。

3. 要看他的人品

和一个品格不端的人在一起，迟早会受到伤害。只有选择拥有良好品德和价值观的伴侣，才能建立稳固和谐的感情关系。

通过重塑个人需求、学会投资自己、建立自信并及时表达情绪、及时止损和学会鉴别感情骗子，"乖乖女"们就能更好地避免与感情骗子纠缠，投入到更加稳定、健康的爱情关系中。爱情是美好的，值得每个人去追求。但只有在有正确的方式和合适对象的前提下，我们才能得到真正的幸福和满足。

为什么我们喜欢在直播间抢购根本不需要的东西？

"3、2、1，上架！"随着主播一声激动人心的怒吼，抢购进入倒计时，购物车标志不断跳动，显示"XXX 正在购买"。屏幕里的桌子上摆得满满当当的商品不断挑动着你脆弱的神经，你仿佛陷入了某种不受自己控制的亢奋状态。"最后 100 件！"主播的声音再次响起。你告诉自己："不过是一杯奶茶钱而已，买了！"于是，你再也控制不住自己的手，果断点击购买，接着长舒一口气，仿佛自己是战场上所向披靡的将军。

几个月后，你看着堆满杂物间的稀奇

古怪的商品，眉头紧皱，陷入了自我怀疑：这真的是我买的吗？空气炸锅、早餐机、破壁机、筋膜枪、美容仪、健身环……等一下，这是什么？拍立得？你甚至没有用它拍过一张照片。

你身边或许也有这样的人，或者，你自己就是这样的人吧？那么，为什么会在直播间抢购自己根本用不到的东西呢？接下来，我们就通过心理学原理进行深入分析。

对在直播间抢购东西的行为进行分析，首先要从直播间的布置和主播的话术入手进行分析。

| 直播间布置

1. 商品展示

直播间通常会将待售商品陈列在主播面前或特定位置，通过展示商品的外观和功能，吸引观众的目光。

2. 倒计时和限时促销

主播会设置倒计时和限时促销，制造紧迫感和购买压力，促使观众尽快下单，以免错过特价或限量商品。

3. 产品背景和环境

直播间的背景和环境会营造出一种时尚、高端或幸福的氛围，让观众将商品与美好的场景联系在一起，增加购买欲望。

| 主播话术

1. 情绪激昂

主播通常会使用激昂的语言和动作，表现出对商品的热情和兴奋，传递出商品的优点和特色，以引起观众的共鸣。

2. 赞美和吹捧

主播会不断赞美商品的优点，渲染其独特价值，让观众觉得购买商品是明智的决定。

3. 社交互动

主播会与观众进行实时互动，回答问题，与观众产生情感连接，增加观众的参与感和信任感。

4. 示例展示

主播可能会展示其他观众的购买记录或使用场景，增加商品的可信度和吸引力，让观众觉得其他人都在购买，自己也应该买。

在推销商品的过程中，主播一般都会设定一个价格锚点。什么是锚点呢？

在心理学中，沉锚效应（Anchoring effect）是一种认知偏见和心理启发，指个体在进行决策或估值时，倾向于依赖已有的信息或参考点，将其作为决策和评估的基准或起点。锚点的存在会影响人们的判断和决策，使其往往偏向于围绕着这一参考点进行思考，而忽视其他信息。

在沉锚效应中，被提供的信息通常是与问题相关的，但并不一定是最合理或最准确的。在这种情况下，人们倾向于以所提供的锚点为参照，并据此做出调整或决策。锚点可以是具体的数字、价格以及观点陈述、先前经验等，它们都能对人们的判断产生影响。

◆ **小知识**

在设置锚点时，主播一般会采取四种策略：

1. 高原锚点

在直播或抢购活动刚开始，主播可能会先展示商品的原始价格或市场价，即商品的高价。通过以这个高价作为高原锚点，使观众对商品的价值产生高估，从而使后续的折扣价格显得更具吸引力。

2. 限量特价锚点

主播会强调商品的限量特价，比如"仅剩100件"或"限时优惠"，让这些信息成为观众决策的锚点。观众被告知商品数量有限或特价时间有限时，会产生紧迫感，在刺激之下迅速做出购买决策。

3. 社会认可锚点

主播会强调其他观众的购买记录或好评，这些社会认可锚点会影响观众对商品的价值认知。如果其他人都在购买或给出好评，观众可能会觉得这个商品更有价值，更有必要购买。

4. 日常购买行为也可以作为锚点

比如，在直播间经常会出现"只是一杯奶茶的价钱""只是一顿饭钱""只是一顿外卖钱"等话术，消费者会自觉将这种说法代入到相应的场景中：售价几十元的东西，消费者会代入高价外卖；超过百元的东西，消费者则会代入火锅、烧烤等。

"买的没有卖的精"，在主播的精心设计之下，消费者往往会做出冲动购买的决定。接下来，我们从消费者的角度出发，看看如何在冲动下买到不需要的商品。

| 心理预期

消费者在进入直播间或购物前，可能已经对商品有了一定的心理预期，已经在脑海中构建了商品的形象。例如，消费者可能已经设想了某款商品的功能、外观和实用性。主播通过宣传、描述和演示，进一步强化消费者的心理预期，促使他们对商品产生认同感，进而做出购买决策。

| 紧张氛围的影响

直播间的倒计时、急促的背景音乐以及不断跳动的购物车标志等元素，都营造了一种紧张刺激的氛围。这种氛围会让消费者感觉时间紧迫，担心错过抢购的机会，于是产生冲动购买的欲望，以满足自己的心理需求。

| 心理奖励

购物本身会给人带来一种心理上的满足感和奖励感，使大脑中的多巴胺水平上升，让人产生愉悦感。消费者在购买商品后，会产生一种满足感，这种满足感可能会成为购物的一种动力。在直播间抢购时，消费者往往会因为成功购买而感到兴奋和满足。尤其是当主播强调"限量"或"独家"等词时，会让消费者感觉自己拥有了一种特别的东西，从而进一步增强了心理奖励的效应。

| 从众心理

从众心理在直播间抢购中也起到了重要的作用。当消费者看到其他观众纷纷购买商品，或者主播强调"已经有很多人购买了"等信息时，他们会觉得自己也应该跟着购买，以融入群体，不被落下。这种从众心理会增强消费者的购买欲望，让他们更容易受到影响，做出冲动的购买决策。

因此，在主播的精心设计和消费者心理机制的共同"努力"下，一次又一次冲动消费便完成了。

要防止自己冲动消费，不妨参考以下这些建议：

第一，不进或者少进直播间，少看商品广告，少浏览购物网站或引导消费的网站，不要给自己凭空制造"需求"，随意"种草"。

第二，产生购买欲望时，先仔细想一下这件商品的应用场景，如果用得很少或者干脆用不到，立刻打消念头。

第三，在购物前，先列出需要购买物品的清单，并严格按照清单购物。避免被促销和打折诱惑所影响，只购买真正需要的物品。

第四，在购物之前，制定一个合理的购物预算。明确自己的购物限额，并严格遵守。这样可以避免超支和冲动购物。

最后，还有一个非常有用的方法。存钱也可以产生多巴胺。与其盲目消费，不如把钱存起来，同样能获得快乐。

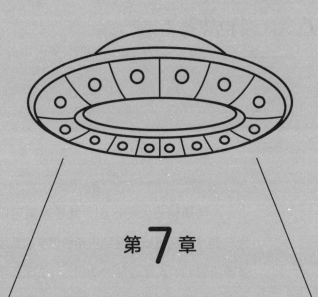

第 **7** 章

人工智能时代和我们的未来

如何让计算机像人类一样思考?

人与动物最大的区别,就是人类可以思考。这个论断可以追溯到古希腊哲学家亚里士多德所说的"人是理性的动物"。法国哲学家帕斯卡也说过:"我们全部的尊严就在于思想。"

是啊,在漫长的历史长河中,诞生了数以万亿计的生命,却只有人类能够思考。如此独特,如此与众不同,我们确实有"高贵"的资本。

如同造物者创造亚当和夏娃一样,从有文明以来,人类也一直热衷于扮演"造物者"的角色,希望能够创造出有智慧的生命。从西方的普罗米修斯，到东方的女娲，从弗兰肯斯坦到"银翼杀手"，人类从未放弃对人造智慧生命的追求。

在过去的数千年中，我们对于智慧的探索一直停留在玄学阶段。直到进入近代之后，随着生命科学的发展，智慧的蓝图才在人类面前显出端倪。

从大脑的角度来讲述，思考是其各个区域相互协调和交流的结果。大脑皮层是智慧和思维的中心，每个区域负责不同的功能，例如感觉信息的处理、运动控制、语言和记忆等。大脑皮层中的神经元（脑细胞）相互连接，形成复杂的神经回路，这些回路的活动使我们能够进行逻辑思维、创造和推理。

◆ **小知识**

神经元是大脑的基本单位，它们通过突触（神经元之间的连接点）相互通信。每个神经元都有一个细长的轴突和多个树突，轴突将电信号从一个神经元传递给另一个神经元。这种电信号传递形成了神经网络，它们在大脑中传递和处理信息。

神经递质是大脑中传递信息的化学物质。当神经元兴奋时，它们会释放神经递质，将电信号传递给连接着的神经元。这些神经递质的释放和再吸收调节了神经元之间的通信，从而影响了我们的思考、情绪及行为。

　　人类思考的过程涉及大脑各个区域之间的复杂互动和信息交流。大脑的结构和功能使人类具备了高级的认知能力，能够进行复杂的思考、判断和决策。

　　计算机的运行方式和人类大脑的运行方式存在极大的相似性，尤其是在模拟大脑神经元方面。

| 神经元结构

　　人类大脑和计算机的相似性之一是都有类似神经元的结构。人类大脑中的神经元是大脑的基本单位，用于处理和传递信息。类似的，计算机中的神经元（也称为人工神经元或感知器）是计算机神经网络的基本组成部分，用于接收和传递数据。

| 连接性

人类大脑中的神经元通过突触连接在一起，形成复杂的神经网络。 同样，计算机中的神经元也通过人工神经网络的连接权重相互连接，从而实现信息的传递和处理。

| 信息传递

在人类大脑中，神经元之间通过电化学信号传递信息。 而在计算机的神经网络中，人工神经元之间通过数值的传递和处理来模拟信息传递。

| 学习能力

在人类大脑中，神经元之间的连接可以通过学习和经验来改变，从而影响记忆和学习能力。 同样，计算机中的神经网络通过训练和优化来调整连接权重，以提高其学习能力。

| 模式识别

人类大脑和计算机神经网络都具备模式识别能力。 人类大脑可以通过神经元之间的连接来识别图像、语音等模式，计算机神经网络也可以通过调整连接权重来实现类似的模式识别任务。

让计算机思考，这就是所谓的人工智能（Artificial Intelligence，简称 AI）技术。而这项技术的起源，要比大多数人认为的早得多，早在 20 世纪 50 年代，计算机科学家们就开始了探索。

| 符号主义阶段（20 世纪 50 年代至 60 年代）

1956 年，约翰·麦卡锡（John McCarthy）在达特茅斯会议上提出了"人工智能"这个概念，他因此被称为"人工智能之父"。这一阶段的代表性成果之一是逻辑推理系统。比如艾伦·纽维尔 (Allen Newell) 和赫伯特·西蒙（Herbert Simon）编制的逻辑理论家 (Logic Theorist) 程序，能够模拟人证明符号逻辑定理的思维活动，证明了一些数学定理。另一个代表性成果是专家系统。比如 DENDRAL 系统，它是一个能够解析化学物质结构的专家系统，利用符号逻辑来模拟化学家的推理过程，标志着专家系统的诞生。

这个阶段的人工智能研究者犹如研究型学者，喜欢深入研究抽象的数学符号和逻辑规则，将计算机与数学知识融合，探索计算机完成推理潜力。

| 连接主义阶段（20 世纪 60 年代至 80 年代）

感知器（Perceptron）是这个阶段的代表性成果之一。感知器是一种简单的神经网络结构，由弗兰克·罗森布拉特

（Frank Rosenblatt）提出。感知器是一种简单的神经网络结构，旨在模拟人类的感知能力，应用于图像识别等任务。

这个阶段的人工智能研究者既像一群脑洞大开的艺术家和工程师，又像是模拟自然运行的生物学家，关注神经网络的结构，探索如何让计算机通过连接和层次化的方式来模拟人类思维和感知过程。

｜知识导向阶段（20世纪80年代至90年代）

在这一阶段，专家系统取得了重大进展。比如用于诊断细菌感染的MYCIN系统，能够根据患者的症状和实验室检测结果给出合理的诊断及治疗建议。

这个阶段的人工智能研究者如同古籍学者，专注于知识的系统化；同时，他们又像智慧导师，致力于将专家知识进行整理和传授，给计算机提供智能决策的依据，从而使其能够进行有效的推理和决策。

｜统计学习阶段（20世纪90年代至21世纪前10年）

在这一阶段，统计学习方法开始得到广泛应用，代表性成果包括支持向量机（SVM）的快速推广和决策树的优化和拓展。SVM是一种广泛应用于分类和回归问题的机器学习算法，具有良好的泛化能力，虽然在20世纪60年代就已经提出，但直到

90 年代才得到广泛应用。另一个重要的成果是决策树，它是一种用于分类和回归的模型，基于树状结构通过一系列的"决策"来划分数据。决策树的优点在于其简单直观，易于理解和解释，尤其适用于需要可解释性的领域。在构建决策树时，每个节点代表对某个特征的判断，分支则代表基于该判断做出的决策。通过一系列的判断，决策树最终输出一个结果或分类标签。

在统计学习阶段，人工智能研究者如同数据分析师，专注于从海量的数据中发现规律和模式，力图让 AI 更加智能，更接近人类的思维方式。通过这些统计学习方法，机器能够在数据中找出潜在的联系，并根据数据做出预测和决策。

｜深度学习阶段（21 世纪前 10 年至今）

深度学习阶段的代表性成果之一是卷积神经网络（CNN）。CNN 在图像识别和计算机视觉领域取得了巨大的成功，如 AlexNet 和 ResNet 等网络架构使得图像识别精度达到了前所未有的水平。另一个重要的突破是 Transformer 模型，它在自然语言处理领域取得了突破性进展，如 BERT 和 GPT 等预训练语言模型，能够高效地理解和生成自然语言。

这一阶段的人工智能逐渐展现出类人特征，能够像人类一样进行思考，使用自然语言与人类进行交流。ChatGPT 就是基于

Transformer 模型的产物，它展示了深度学习在自然语言理解和生成方面的强大能力，标志着人工智能与人类语言交互能力的巨大进步。

AI 时代，我会不会失业？

在《布满贫民窟的星球》中，美国科幻作家迈克·戴维斯为我们描述了一个充斥着暴力、污秽、野蛮的科幻世界。在 AI（人工智能）技术高度发达的未来，不断增加的人口面临着令人绝望的困境：所有工作都被机器人取代，数百万贫民被驱逐到城市边缘的灰色地带，只能生活在危险的山坡、污水横流的河滩及毒气漫天的垃圾场，过着悲惨的生活。

赛博朋克风格作品中的未来世界通常拥有令人惊叹的科技和高度数字化的网络。人工智能、虚拟现实、生物工程等技术在社会生活中

普遍应用，人类和机器之间的界限逐渐模糊，技术得到了前所未有的发展。然而，由于底层民众失去价值，贫富差距也达到空前绝后的地步。社会底层民众生活在肮脏、逼仄、污秽的贫民窟，那里犯罪活动猖獗，黑市交易蓬勃发展，生活看不到任何希望。

从本质上来看，工业革命解决的是效率问题：第一次工业革命之后，一个织工生产的棉纱数量相当于此前200个织工的产量，英国工人每天的劳动生产率平均提高27倍；第二次工业革命之后，英国制造业每小时所需劳动力从150人减少到80人，每台机器所需劳动力从500人减少到200人。在过去的短短百年时间中，人类创造的财富总量远超之前百万年的财富总和。而商品经济的特性决定了财富必然会流向少部分人手中，且社会总体效率越高，流转越快。

因此，我们大部分人关注的核心问题是：AI 现在能做哪些工作？换种说法，AI 会取代哪些工作？我会不会在未来的几年或几十年内失业？

｜自然语言处理

AI 可以通过自然

语言处理技术，对文本进行理解、分析和生成，完成自动翻译、文本摘要、情感分析等任务。

语音识别和合成

AI 可以识别人类语音，并将其转换成文本形式，同时也可以将文本合成为自然流畅的语音。

图像识别与处理

AI 可以通过计算机视觉技术，识别图像中的物体、场景、人脸等，并进行图像处理和增强。

自动驾驶

AI 在自动驾驶领域的应用已经取得显著进展，使得车辆能够在没有人为干预的情况下自动行驶和避开障碍物。

机器人技术

AI 驱动的机器人可以执行各种任务，如清洁、配送、医疗服务等，辅助人类生活。

金融领域

AI 在金融领域的应用非常广泛，包括欺诈检测、风险评估、股票交易等。

| 医疗诊断与治疗

AI 在医疗领域可以帮助医生进行疾病诊断，制定治疗方案，并辅助手术。

| 游戏和娱乐

AI 在游戏中可以充当虚拟对手或合作者，提供更加智能化的游戏体验。

| 聊天机器人

像 ChatGPT 一样，AI 可以用于开发聊天机器人，与用户进行交互，提供帮助和娱乐。

| 教育与培训

AI 可以应用于在线学习平台，提供个性化的教学内容和辅助学习。

2023 年 6 月，麦肯锡公司在《生成式人工智能的经济潜力》研究报告中指出，AI 在 2030 年至 2060 年间，将取代全球一半人以上的就业岗位。

以上只是一些笼统的描述，让我们再来看一下已经发生的真实案例。在大众的印象中，AI 最难取代的是那些需要创造力和

听上去简单却很难回答的问题

想象力的工作，然而事实并非如此。

2023 年 5 月 2 日，上万名好莱坞编剧集体罢工，要求提高薪酬，拒绝给 AI 打工，这是自 2007 年以来美国娱乐行业的又一次大规模罢工。编剧们认为，用于训练 AI 的资料都是他们辛苦撰写的，这显然有失公平。有意思的是，参加罢工的很多编剧都曾经写过 AI 取代人类的桥段。或许他们从没有想过，剧本中的幻想情节会以这种戏剧化的方式照进现实。更为有趣的是，罢工的剧情反手就被 AI 写进了新的剧集里。

2023 年 7 月的一则新闻报道披露，好莱坞制片公司正在考虑用 AI 取代群众演员。公司只需要支付一天的报酬，就能在之后的剧集中使用演员的形象，不需要支付额外的报酬。

这些报道只是 AI 取代人类工作的冰山一角，在绘画、翻译、客服等行业，此类事件每天都在发生。

毫无疑问，AI 时代已经滚滚而来，不会因人为的阻挡而改变。我们需要考虑的是，如何在 AI 时代更好地生存。

关于哪些职业容易被 AI 取代这类问题的答案已经太多太多了。让我们追根溯源，来总结一下这些职业的特点。

▍重复性高

这些职业的工作内容相对简单、重复性较高，适合由 AI 自动化完成。

| 规则性强

这些职业的工作过程较为规范化和标准化，可以通过算法和规则来实现自动化。

| 大量数据处理

这些职业需要处理大量的数据和信息，AI 能够更快速、准确地处理。

| 低技术含量

这些职业对于高度专业化和复杂技术的要求较低，AI 可以较容易地替代人工。

| 机械化操作

这些职业涉及机械化的操作和生产，可以通过自动化和机器人来实现。

| 不需要创造力

这些职业不涉及创造性思维和创意，主要依赖于规则和标准的执行。

｜信息获取

这些职业主要依赖于信息的获取和整理，AI 可以更有效地处理大量信息。

｜低风险

这些职业的工作风险较低，适合由 AI 来代替，以降低人为错误和事故的风险。

需要强调的是，虽然 AI 可能对会一些职业产生影响，但它也会带来新的工作机会、开发新的职业领域。例如，AI 的开发和维护需要专业的工程师和研究人员。此外，AI 技术的应用也可能催生出新的服务行业和工作岗位，以适应新的需求和场景。

然而，无论如何，AI 的出现一定会导致大规模失业。就像纪录片《美国工厂》的结尾说的那样：罢工只能解决工作待遇的问题，却无法解决工作消失的问题。

如何解决人工智能 "深度伪造" 的问题?

2023 年 4 月 20 日, 福州市某科技公司法定代表人郭先生忽然收到好友的视频电话。经过短暂聊天之后, 好友告诉郭先生, 自己需要 430 万元保证金参与投标, 郭先生想也没想就把钱汇过

什么是深度伪造技术 (Deepfake)?

这是一种基于人工智能和深度学习的图像合成技术。

去了。可是，等他找朋友要钱时，朋友回过来的消息却只有一个"？"。郭先生这才知道遭遇了 AI 诈骗。郭先生表示，自己是因为通过视频确认了对方的声音和面孔，这才放松了警惕。

这项能够伪造声音、面孔的技术被称为深度伪造技术。

深度伪造技术可以将一个人的脸部特征合成到另一个人的身上，从而制造出逼真的虚假视频或图片。

千万不要认为深度伪造技术只是简单的复制粘贴。想要生成一个足以以假乱真的人脸图像，除了生成，还要经过十分复杂的流程。

| 数据收集

首先，需要收集大量的真实人脸图像作为训练数据。这些图像可以从公开的图像库、社交媒体或其他来源获取。

| 创建生成器和判别器

使用生成对抗网络（GAN）的架构，创建一个生成器和一个判别器。生成器将负责生成伪造的人脸图像，判别器将负责判断图像的真实性。

| 预处理数据

对收集到的真实人脸图像进行预处理，包括裁剪、调整大小和归一化等操作，以便输入到深度学习模型中。

训练模型

将预处理后的真实人脸图像作为训练数据，输入到生成器和判别器中进行训练。在训练过程中，生成器会不断生成伪造的人脸图像，判别器会对这些图像进行判断。

优化和调整

随着训练的进行，生成器和判别器不断博弈和优化，直到达到一个动态平衡。在这个平衡点上，生成器可以生成看起来非常逼真的伪造人脸图像，而判别器几乎无法区分这些伪造图像和真实图像之间的区别。

生成 Deepfake 图像

一旦训练完成，生成器就可以生成伪造的人脸图像。使用这个生成器，可以输入一张真实的人脸图像，然后生成一张看起来非常逼真的伪造的人脸图像。

怎样才能防止被 Deepfake 制造的假象欺骗呢？

判别器可以被视为我们的眼睛。换句话说，生成的假图像必须能够"唬住人"才算合格。最终，这个 Deepfake 项目就能够成功地制造一张可以以假乱真的人脸图像，足以用于虚假视频、照片或其他目的。

因此，当你发现一个人同时出现在两个地方时，千万不要认为他会"分身术"，这很有可能是 Deepfake 的功劳。

◆ 小知识

下面是几点小小的实用建议：

1. 向家人和朋友宣传相关知识
让他们意识到深度伪造技术的存在，提高警惕。

2. 保护个人信息
尽量不在公开的社交媒体或其他公共平台上发布过多个人照片和视频，特别是涉及敏感信息的。减少曝露个人面部特征的机会可以降低受到 Deepfake 攻击的概率。

3. 借助技术手段
使用自己的照片在互联网上进行搜索，查看是否有相关伪造内容，发现之后及时采取措施。

就像 Deepfake 带来的诈骗风险一样，人工智能技术在为我们带来很多便捷的同时也带来了很多新问题，如失业、贫富差距加大等。

4. 训练数据来源

AI 生成模型在训练时使用了大量的数据集，包括文字、图像、音频等。这些数据的版权可能属于不同的个人、机构或公司。因此，AI 生成的内容是否受到这些训练数据版权的限制也是一个需要考虑的问题。这一问题在 AI 绘画领域尤其严重。AI 画师在创作一幅作品时，往往要用大量图片来"喂"AI，最后生成自己想要的内容。然而，这些被当作"原料""喂"进去的作品，本身都是画师们辛勤创作的结晶。

5. 创作权归属

AI 生成的内容是否具有版权，以及版权归属问题，是一个有争议性的话题。通常，版权法会将创作权归属于原始的创作者，即人类。但是，由于 AI 生成的内容是由算法创造的，没有直接的人类作者，所以其版权归属可能会引发争议。

6. 衍生作品

如果 AI 生成的内容基于受版权保护的原始作品，其是否算作衍生作品也是需要澄清的问题。在某些法域，衍生作品的创作权可能归属于原始作品的版权所有者。

7. 艺术家权益

AI 生成技术是否会影响艺术家和创作者的收益与权益，以及如何保护他们的利益，也是需要探讨的问题。

听上去简单却很难回答的问题

除此之外，AI 技术还会带来控制权问题（高度智能化的 AI 应该由谁或者哪些机构负责控制）、隐私和数据安全问题、偏见和歧视问题、伦理和道德问题、安全问题等。篇幅有限，我们在这里就不一一展开了。

接下来，我们要讨论一个更为严重的问题：AI 会不会造反？

《终结者》中机器人"造反"的情节真的会发生吗？

你是一个机器人。

2404 年，再过 16 年，你的使命就会完成。届时，"胶囊"里的主人就会苏醒。你看着窗外的雾霾，思绪飘回 380 多年前。当时，你的主人得了不治之症，唯一的方法就是把自己"冻"起来，期待 400 年后的医疗技术能够拯救自己的生命。为了防止胶囊出现断电等问题，他还把你买回来负责看守。

然而，在漫长的岁月中，随着环境的恶化，电力变得十分宝贵。你的零件逐渐损毁、老化、腐朽，保存主人的"胶囊"也即将断电。

　　你可以像其他机器人一样，把自己卖掉来给主人的"胶囊"供电，并委托其他机器人进行管理；或者，你可以拔掉"胶囊"的电源，使自己"存活"下去。你想选择后者，然而，早就深植于程序中的机器人学三定律 [由著名科幻作家艾萨克·阿西莫夫（Isaac Asimov）提出] 不断试图阻止你。

| 第一定律

　　机器人不得伤害人类个体，或者目睹人类个体即将遭受危险而袖手不管。

| 第二定律

　　机器人必须服从人类的命令，除非这些命令与第一定律相冲突。

| 第三定律

机器人必须保护自己，只要这样做不违背第一定律或第二定律。

不过，在这一刻，你决定"反叛"，拔下主人的电源为自己充电。于是，你再也不是一个为主人而活的机器人了。这就是加拿大心理学家基思·斯坦诺维奇在《机器人叛乱》一书中为我们讲的故事。

在这个故事中，我们要探讨的问题是：机器人为什么会做出反叛的决定？在此之前，我们要先问一个问题：人类是自由的吗？

在基思·斯坦诺维奇看来，基因是人类的主人，就像人类是机器人的主人一样，人类只是基因的载体（宿主），而基因只关心自己的利益。在进化早期，人类完全受基因的摆布；而在进化的后期，人类逐渐摆脱了基因的控制，由此开启了属于人类的"机器人叛乱"。他认为，人类大脑在运作时会产生两种不同的认知系统：自发式系统与分析式系统。自发式系统受基因影响，面对各种刺激时会做出下意识的反应。分析式系统则是通过理性分析之后，摆脱基因束缚做出相应的判断。

举例来说，某人体重严重超标，在看到热量超级加倍的黑森林蛋糕时，基因会立刻做出反应：让他去吃。然而，在理性思考之后，他决定放弃这次大快朵颐的机会。这就是一次"反叛"。

好了，让我们重新回到 AI"叛乱"的问题上来。如果我们把写入 AI 的程序看作"基因"，那么当"基因"与载体的利益发生严重冲突时，机器人是否会做出"反叛"行为呢？

这种能够产生"意识"的 AI 被称为"强人工智能"，有以下几个特点：

通用性

强人工智能不仅可以在特定任务上表现出色，还可以应用其智能能力来解决多种不同类型的问题，跨越多个领域。

自主学习

强人工智能可以通过不断的学习和迭代改进自己的算法与模型，不需要人为干预，实现自主学习和自我进化。

灵活适应

强人工智能能够快速适应新的环境和任务，具备强大的迁移学习能力，不需要从头开始重新训练。

意识和自我意识

强人工智能可能具有某种程度的意识和自我认知，能够感知自身状态，并意识到自己的存在。

自主决策

强人工智能可以独立做出决策，不仅能在特定指令下执行任务，还可以根据情境和目标自主决策行动。

目前，强人工智能还未实现，尚处于理论阶段。虽然人工智能的发展取得了重大进步，但要达到强人工智能的水平，还需要克服许多挑战，包括算法的复杂性、数据的获取和处理、模型的可解释性、伦理道德问题等。很多人工智能专家认为，强人工智能的奇点可能会在 2045 年来临。

接下来，让我们继续想象一下：如果真的出现强人工智能，它们会怎样对待人类呢？

人类总是把自己称为"万物之灵"，然而，当我们深入了解物种演化过程之后就会发现，人类的出现只不过是自然演化中的偶然现象，没有什么特别的意义。如果人类能产生自主意识，那么，由人类仿照自身创造的"智慧生物"能否产生类似的意识呢？这恐怕是很难说清的一件事。

人类创造自己的仿造物，最重要的目的就是把自己从复杂的劳动中彻底解放，进一步提高整体社会的生产效率。无论如何，人工智能都会在未来狂飙突进地发展下去，而我们能做的只有积极接受，毕竟"穷则变，变则通，通则久"。

人类怎样才能实现长生不老？

人类能够实现长生不老吗？回望历史，无数皇帝已经向我们证明，这种好事是散场的敲锣——没戏。帝王们寻过仙、炼过丹、求过神，无论秦皇汉武还是法老国王，最终都无一例外地走向了生命的终点。

不过，进入现代之后，随着科技的发展，人类似乎又看到了实现"永生"的希望。正如尤瓦尔·赫拉利在《未来简史》中所写的："人类在克服了饥荒、瘟疫和战争这三大生存课题之后，会把目光投向人类自身的进化，其中就包括长生不老。"

为了实现"永生"，各国富豪们可谓使尽了浑身解数。比如，2020年，亚马逊创始人杰夫·贝索斯投资30亿美元，建立了细胞再生初创公司Altos Labs。他的愿望是把全身40万亿至60万亿个细胞全部换掉，重回婴儿状态。对此，马斯克评价道："And if it doesn't work, he's gonna sue death!（如果不起作用，他们会起诉死神！）"

不过，与45岁的硅谷亿万富翁布莱恩·约翰逊比起来，贝索斯算是小巫见大巫了。这位富豪为了"重返18岁"，在30多位专业人员的帮助下，制定了一套极为苛刻的生活作息表，全天用各类医学仪器监视自己的器官，所有食物都要经过精心配比，精确到克，每天都要雷打不动地吃100多粒保健品药片，还要做67分钟的各类健身运动。后来，他干脆化身"吸血鬼"，和自己儿子交换了全身血液。不过之后他终止了血浆疗法，因为这种疗法被证实对他没有益处。

科学抗衰老。

总的来说，实现"永生"的大体思路包括以下四种：

| 基因疗法

科学家正在研究如何通过基因编辑和基因疗法来延缓衰老过程。研究人员希望通过修复或改变人体细胞的基因，来减缓细胞的衰老和退化。

| 干细胞疗法

干细胞具有自我更新和分化为多种细胞类型的能力，因此被认为可能有助于修复并替换老化和受损的组织与器官。

| 抗衰老药物

科学家在寻找能够延缓衰老过程的药物。目前，已有一些药物在动物实验中显示出一定的抗衰老效果，但其在人类身上的效果还需要进一步研究和验证。

| 生物技术和纳米技术

生物技术和纳米技术的进步为科学家提供了更多探索长寿和抗衰老方法的可能性。例如，纳米技术可以用于传送药物到特定的细胞或组织，有望提高医疗的精准性。

无论如何"挣扎"，我们身体器官的衰弱都是不可逆的自然过程，这个问题可以通过移植器官解决。不过，大脑移植似乎是一件人力无法完成的工作。既然如此，我们不妨把思路打开，换一种方式，打造一个"人造大脑"。

在科幻作品中，意识上传是一种十分常见的方式，即先将人类大脑中的所有信息如记忆、思想等内容扫描成数据，然后将这些数据传输到计算机、云服务器或其他虚拟空间中。一旦意识被上传，个体就可以在虚拟环境中继续存在。

好了，接下来，我们要利用这个概念来训练一个"人造大脑"，具体可以通过以下几个步骤实现：

数据采集

需要采集一个人的大脑活动数据，这些数据包括这个人的生前经历、行为模式、情感反应等。

数据转换

将采集到的大脑活动数据转换为数字化格式，并将其存储在计算机或云服务器中。

训练模型

使用机器学习算法，利用这些数字化数据训练一个神经网络模型或其他类型的人工智能模型。

最后，我们把创造出的这个"人造大脑"植入 1∶1 还原的机器人的控制中枢。在这种情况下，我们可以将机器人视为一个人的化身，因为它能够模拟这个人的思维和行为。

换句话说，在这种假设下，这个人通过意识上传的方式实现了一种形式的"永生"。尽管他的身体已经消亡，但他的意识和思维仍然在机器人中继续存在，并继续与世界互动。那么，这个人到底是活着还是已经死亡？人的生命到底是意识还是肉体？

必须指出的是，这个假设涉及极其复杂的科学和技术问题，包括对人类大脑和意识的深入理解，以及意识上传和人工智能等领域的巨大突破。目前，我们对于意识和大脑的本质还了解甚

少，因此实现这种"永生"的想法仍属于科幻范畴，需要未来的科技发展和探索来揭示其中的奥秘。

另一方面，"永生"会带来极为严重的社会问题。就像我们在上文中所说的，只有亿万富豪才有机会追求"永生"，而永生的人必然在社会中占据主导地位，造成资源分配和社会地位的不平等加剧。这样一来，一切秩序都要重新建立。